十三經注疏彙校

尚書注疏彙校

七

杜澤遜 主編

中華書局

尚書註疏卷第十五　漢孔氏傳　唐孔穎達疏

皇明朝列大夫國子監祭酒臣田一儁
奉訓大夫司經局洗馬管司業事臣盛訥等奉
勅重校刊

召誥第十四

周書

成王在豐。欲宅洛邑。（傳）武王克商。遷九鼎於洛邑。欲以為都。故成王居焉。使召公先相宅。（傳）相所居而卜之。遂以陳戒。○召。時照反。相。息亮反。下注同。作召誥。

召誥

【傳】召公以成王新即政。因相宅以作誥。【疏】成王至召誥○正義曰。成王於時在豐。欲居洛邑。以爲王都。使召公先往相其所居之地。因卜而營之。王與周公從後而往。召公於庶殷大作之時。乃以王命取幣以賜周公。因告王宜以夏殷興亡爲戒。史敘其事。作召誥。○【傳】武王至居焉○正義曰。桓二年左傳云。昔武王克商。遷九鼎于洛邑。服虔注云。今河南有鼎中觀云。九鼎者。案宣三年左傳。王孫滿云。昔夏之方有德也。貢金九牧。鑄鼎象物。然則九牧貢金爲鼎。故稱九鼎。其實一鼎。案戰國策顏率說齊王云。昔武王克商。遷九鼎。鼎用九萬人。則以爲其鼎有九。但游說之辭。事多虛誕。不可信用。然鼎之上。備載九州山川異物。亦又可疑。未知孰是。故兩解之。○【傳】相所至陳戒○正義曰。孔以序言相宅。於經意不盡。故爲傳以助成之。召公相所居而卜之。及其經營大作。遂以陳戒。史錄陳戒爲篇。其意不在相宅。序以經具。故略之耳。言先相宅者。明於時周公攝政居洛邑。是周公之意。周公使召公先行。故言先。以見周公自後往也。○傳召公至作誥。○正義曰。武王既崩。周公即攝王政。至此已積七年。將歸政成王。故經營洛邑。待此邑成。使王即政。召公以成王將新即政。恐王不順周公之意。或將惰於政事。故因相宅以作誥也。作誥之時。王未即政。周公作洛誥。爲反政於成王。召公陳戒。爲即政後事。故傳言新即政也。

惟二月既望。傳 周公攝政七年。二月十五日。日月相望。因紀之。**越六日乙未。王朝步自周。則至于豐。**傳 於已望後六日。二十一日。成王朝行。從鎬京則至于豐。以遷都之事。至文王廟告文王。則告武王可知。以祖見考。○鎬。胡老反。見賢遍反。下不見同。惟太保先周公相宅。傳太保。三公官名。召公也。召公於周公前相視洛居。周公後往。○先。息薦反。又如字。越若來三月惟丙午朏。越三日戊申太保朝至于洛卜宅。傳朏。明也。月三日明生之名。於順來。三月丙午朏。於朏三日。三月五日。召公早朝至於洛邑。相卜所居。○朏。芳尾反。又普沒反。徐又芳憒反。厥既得卜則經營。傳其已得吉卜。則經營規度城郭郊廟朝市之位處。○度。待洛反。朝。直遙反。處。昌慮反。越三日庚戌太保乃以庶殷攻位于洛汭越五日甲寅位成。傳於戊申三日庚戌以衆殷之民。治都邑之位於洛水北。今河南城也。於庚戌五日。所治之位皆成。言衆殷。本其所由來。○汭。如銳反。

[疏]惟二月至位成。○正義曰。惟周公攝政七年。二月十六日。其日爲庚寅。既日月相望矣。於已望後六日乙未。爲二月二十一日。王以此日之朝。行自周之鎬京。則至于豐。以遷都之事告文王之廟。此日王惟命太保召公。先周公往洛水之旁。相視所居之處。太保即行。其月小。二十九日癸卯晦。於二月之後。順來三月。惟三日丙午朏而月生明。於朏三日戊申。即三月五日。太保乃以此朝旦至於洛。即卜宅。其已得吉卜。則經營之。規度其城郭郊廟朝市之位處。於戊申三日庚戌。爲三月七日。太保乃以衆所受於殷之民。治都邑之位於洛水之汭。謂洛水北也。於庚戌五日爲三月十一日甲寅。而所治之位皆成矣。○[傳]周公至紀之。○正義曰。洛誥云。周公誕保文武受命惟七年。洛誥是攝政七年事也。洛誥周公云。予惟乙卯。朝至于洛師。

此篇云乙卯周公朝至于洛。正是一事。知此二月是周公攝政七年之二月也。望者於月之半。月當日衝。光照月光圓滿。面鄉相當。猶人之相望。故名望也。治曆者必先正望朔。故史官因紀之。將言望後之事。必以望紀之。將言朏後之事。則以朏紀之。猶今人將言日。必先言朔也。望之在月十六日爲多。大率十六日者四分之三。十五日者四分之一耳。此年入戊午蔀五十六歲。二月小。乙亥朔。孔云十五日即爲望。是己丑爲望。言已望者。謂庚寅十六日也。且孔云望與生魄死魄。皆舉大略而言之。不必恰依曆數。又筭術前月大者後月二日月見。可十五日望也。顧氏亦云十五日望。日月正相望也。○傳於巳至見考。○正義曰。於已望後六日是爲二十一日也。步行也。此云王朝行下太保與周公言朝至者。君子舉事貴早朝。故皆言朝也。宗周者爲天下所宗。止謂王都也。武王已都於鎬。故知宗周是鎬京也。文王居豐。武王未遷之時。於豐立文王之廟。遷都而廟不毀。故成王居鎬京則至于豐。以遷都之事告文王廟也。大事告祖必告於

考。此經不言告武王。以告文王。則告武王可知。以告
祖見考也。告廟當先祖後考。此必於豐告文王。於鎬
京告武王也。○傳朏明至所居○正義曰。說文云。朏
月未盛之明。故爲明也。周書月令云。三日粵朏。朏字
從月出。是入月三日明生之名也。於順來者。於二月
之後。依順而來次三月也。二月乙未而發豐。歷三月
丙午朏。又於朏三日。是三月五日。凡發豐至洛爲十
四日也。召公早朝至于洛邑。相卜所居。當以至洛之
日即卜也。○傳其已至位處○正義曰。經營考工記
所云。匠人營國。方九里。左祖右社。面朝後市。是也。下
有丁巳郊。故知規度城郭郊廟朝市之位處也。匠人
不言郊。以不在國內也。匠人王城方九里。如典命文。
又以公城方九里。天子城十二里。鄭玄兩說。孔無明
解。未知從何文也。郊者。司馬法百里爲郊。鄭注周禮
云。近郊五十里。禮記。祭天于南郊。祭地于北郊。皆謂
近郊也。其廟案小宗伯云。建國之神位。右社稷左宗
廟。鄭注朝士職云。庫門內之左右。其朝者。鄭云外朝
一。在庫門之外。皐門之內。是詢衆庶之朝。內朝二者。

其一在路門外。王每日所視。謂之治朝。其一在路門內路寢之朝。王每日視訖。退適路寢。謂之燕朝。或與宗人圖私事。顧氏云。市處王城之北。朝爲陽故在南。市爲陰故處北。今案周禮內宰職佐后立市。然則后既主陰。故立市也。○傳於戊至由來○正義曰。於戊申後三日庚戌。爲三月七日也。水內曰汭。蓋以人南面望水。則北爲內。故洛汭爲洛水之北。鄭云。隈曲中也。漢書地理志。河南郡治在洛陽縣。河南城。別爲河南縣。治都邑之位於洛北。今於漢河南城是也。所治之位皆成。布置處所定也。治位乃是周人而言衆殷者。本其所由來。言本是殷民。今來爲我周家役也。莊二十九年左傳發例云。凡土功。水昏正而栽。日至而畢。此以周之三月農時役衆者。彼言尋常土功。此則遷都事大。不可拘以常制也。

若翼日乙卯。周公朝至于洛。傳 周公順位成之明日。而朝至於洛汭。

則達觀于新邑營。傳 周公通達觀新邑所營。言周徧。**越三日丁巳，用牲于郊，牛二。**傳於乙卯三日用牲告立郊位於天。以后稷配。故二牛。后稷貶於天有羊豕。羊豕不見可知。**越翼日戊午，乃社于新邑，牛一、羊一、豕一。**傳告立社稷之位。用太牢也。共工氏子曰句龍。能平水土。祀以爲社。周祀后稷。能殖百穀。祀以爲稷。社稷共牢。○共音恭。句，故侯反。**越七日甲子，周公乃朝用書命庶殷侯甸男邦伯。**傳於戊午七日甲子。是時諸侯皆會。故周公乃昧爽以賦功屬役書。命衆殷侯甸男服之邦伯。使就功。邦伯。方伯。卽州牧也。**厥既命殷**

庶殷丕作。傳其已命殷衆。衆殷之民大作。言勸事。

太保乃以庶邦冢君出取幣。乃復入。傳諸侯公卿並覲於王。王與周公俱至。文不見。王無事。召公與諸侯出取幣。欲因大會顯周公。○復。扶又反。

錫周公曰。拜手稽首旅王若公。傳召公以幣入。稱成王命賜周公。曰。敢拜手稽首。陳王所宜順周公之事。

疏若翼至若公○正義曰。順位成之明日乙卯。三月十二日也。周公以此朝旦至於洛。則遍達而徧觀於新邑所經營。其位處皆無所改易。於乙卯三日丁巳。三月十四日也。用牲於郊。告立祭天之位。牛二。天與后稷所配。各用一牛。於丁巳明日戊午。乃祭社於新邑。用太牢牛一。羊一。豕一。於戊午七日甲子。二十一日也。周公乃以此朝旦用策書。命衆殷在侯甸男服之內。諸國之長。謂命州牧。使告諸國就功作。其已命殷衆。衆殷皆歡樂勸事而大作矣。太保召公。乃以衆國大君諸侯出取幣。乃復入。稱成王命以賜周公曰。我敢拜手稽首以戒王。陳說王所宜順周公之事。○傳周公至洛汭。○正義曰。周公以順位成之明日而朝至。則是三月十二日也。其到洛汭。在召公之後七日。不知初發鎬京以何日也。成王蓋與周公俱來。鄭云。史不書王往者。主於相宅無事也。○傳於乙至可知。○正義曰。知此用牲。是告立郊位於天者。此郊與社。於攻位之時已經營之。今非常祭之月。而特用牲祭天。知是郊位既定。告天使知。而令後常以此處祭天也。禮。郊用特牲。不應用二牛。以后稷配。故二牛也。郊特牲及公羊傳皆云。養牲必養二。帝牛不吉。以爲稷牛。言用彼爲稷牛者。以之祭帝。其稷牛。隨時取用。不在滌養。是帝稷各用一牛。故二牛也。先儒皆云。天神尊。祭天明用犢。貴誠之義。稷是人神。祭用太牢。貶於天神。法有羊豕。因天用牛。遂云牛二。舉其大者。從天言之。羊豕不見。可知也。詩頌我將。祀文王於明堂云。惟羊惟牛。又月令云。以太牢祠于高禖。皆據配者。有羊豕也。○傳告立至共牢○正義曰。經有社無稷。稷是社類。知其同告之。告立社稷之位。其祭用太牢。故牛羊豕各一也。句龍能平水土。祀之以爲社。后稷能殖百穀。祀以爲稷。左傳。魯語。祭法。皆有此文。漢世儒者。說社稷有二。左氏說社稷。惟祭句龍。后稷人神而已。是孔之所用。孝經說社爲土神。稷爲穀神。句龍后稷配食者。是鄭之所從。而武成篇云。告于皇天后土。孔以后土爲地。言后土社也者。以泰誓云。類于上帝。宜于冢土。故以后土爲社也。小劉云。后土與皇天相對。以后土爲地。若然。左傳云。句龍爲后土。豈句龍爲地乎。社亦名后土。地名后土。名同而義異也。社稷共牢。經無明說。郊特牲云。社稷太牢。二神共言太牢。故傳言社稷共牢也。此經上句言于郊。此不言于社。此言社于新邑。上句不言郊於新邑。上句言用牲。此言牛羊豕不言用。告天不言告地。告社不言告稷。皆互相足。從省文也。洛誥云。王在新邑烝祭。王入太室祼。則洛邑亦立宗廟。此不云告廟。

亦從省文也。○傳於戊至牧也。○正義曰。康誥云。周公初基作新大邑于東國洛。四方民大和會。侯甸男邦采衛。百工播民和。見士于周。與此一事也。故知是時諸侯皆會。故周公乃昧爽。以賦功屬役書。命衆殷在侯甸男服之邦伯。使就築作功也。康誥五服。此惟三服者。立文有詳略耳。昭三十二年。晉合諸侯城成周。左傳稱命役書於諸侯。屬役賦丈。此傳言賦功屬役。其意出於彼也。賦功。謂賦斂諸侯之功。科其人夫多少。屬役。謂付屬役之處。使知得地之尺丈也。邦伯。諸國之長。故爲方伯。州牧。王制云。千里之外。設方伯。卽州牧也。周公命州牧。使州牧各命其所部。○傳諸侯至周公。○正義曰。上云。周公朝用書命庶殷者。周公自命之。其事不由王也。庶殷既已大作。諸侯公卿乃並覲君王。其時蓋有行宮。王在位而諸侯公卿並覲之。既入見王。乃出取幣。初不言入而經言出者。下云乃復入。則上以入可知。從省文也。下賜周公言旅王若公。明此出入。是覲王之事。而經文不見王至。故傳辯之。王與周公俱至。自此以上。於王無事。故不見也。正以經文不見王至。知與周公俱至也。周公居攝功成。將歸政於成王。召公與諸侯出取幣。欲因大會顯周公之功。既成。將令王自知政。因賜周公。遂以戒王。故出取幣。復入以待王命。其幣蓋玄纁束帛也。鄭玄云。所賜之幣。蓋璋以皮。及寶玉大弓。此時所賜。案鄭註周禮云。璋以皮。二王之後享后所用。寧當以賜臣也。寶玉大弓。魯公之分。伯禽封魯。乃可賜之。不得以此時賜周公也。○傳召公至之事○正義曰。太保以庶邦冢君出取幣者。以上太保之意。非王命。幣既入。即云賜周公者。下言召公不得賜周公。知召公既以幣入。乃稱成王命以賜周公。於時政在周公。成王未得賜周公也。但召公見周公功成作邑。將反王政。欲尊王而顯周公。故稱成王之命以賜周公。鄭玄云。召公見衆殷之民大作。周公德隆功成。有反政之期而欲顯之。因大戒天下。故與諸侯出取幣。使戒成王立於位。以其命賜周公。王肅云。爲戒成王。賜周公是也。曰拜手稽首者。召公自言已與冢君等。敢拜手稽首。陳王所宜順周公之事。宜順之事。自此以下皆是

也。誥告庶殷越自乃御事。傳召公指戒成王。而以衆
殷諸侯於自乃御治事爲辭。謙也。諸侯在。故託焉。嗚
呼皇天上帝改厥元子茲大國殷之命。傳歎皇天改
其大子。此大國殷之命。言紂雖爲天所大子。無道猶
改之。言不可不慎。惟王受命無疆惟休亦無疆惟恤。
傳所以戒成王。天改殷命。惟王受之。乃無窮惟美。亦
無窮惟當憂之。嗚呼曷其柰何弗敬。傳何其柰何不
憂敬之。欲其行敬。疏誥告至弗敬○正義曰。召公所
言誥。以告汝庶殷之諸侯。下自汝御事。欲令君臣皆
聽之。其實指以戒王。諸侯皆在。故以爲言也。乃曰。嗚

呼。有皇天上帝，改去其大子所受者。即此大國殷之王命也。以其無道。故改命有德。惟王受得此命。乃無窮惟美。亦無窮惟當憂之。既憂之無窮。嗚呼。何其奈何不敬乎。欲其長行敬也。告庶殷者。告諸侯也。庶殷通尊卑之辭。故民與諸侯同云庶殷。皆謂所受於殷之衆也。○傳歎皇至不慎○正義曰。釋詁云。皇。君也。天地尊之大。故皇天后土。皆以君言之也。改其大子。謂改天子之位與他姓。即此大國殷之命。謂紂也。言紂雖爲天所大子。無道猶改之。不可不慎也。以託戒諸侯。故言天子雖大猶改之。況已下乎。釋詁云。元。首也。首是體之大。故傳言大子。鄭云言首子者。凡人皆云天之子。天子爲之首耳。**天既遐終大邦殷之命。茲殷多先哲王在天。**傳言天已遠終殷命。此殷多先智王。精神在天。不能救者。以紂不行敬故。**越厥後王後民。茲服厥命。**傳於其後王後民。謂先智王之後。繼世君臣。此服其命。言不忝。厥終。智藏瘝在。

傳 其終。後王之終。謂紂也。賢智隱藏。瘝病者在位。言無良臣。○瘝。工頑反。夫知保抱攜持厥婦子。以哀籲天。徂厥亡出執。傳 言困於虐政。夫知保抱其子。攜持其妻。以哀號呼天。告寃無辜。往其逃亡。出見執殺。無地自容。所以窮。○夫知。並如字。注同。籲。音喻。呼也。號。戶高反。嗚呼天亦哀于四方民。其眷命用懋。傳 民哀呼天。天亦哀之。其顧視天下有德者。命用勉敬者爲民主。疏 天既至用懋○正義曰。更述殷之事。天既遠終大國殷之王命矣。此殷多有先智之王。精神在天。不能救紂。以紂不行敬故也。於其智王之後人。謂繼世之君。及其時之人。皆服行其君之命。由其亦能行敬。故得不忝其先祖。其此後王之終。謂紂之時賢智者隱藏。瘝病者在位。言其時無良臣。多行無禮暴虐。於時之民困於虐政。夫知保抱攜持其婦子。以哀號呼天。告冤枉無辜。往其逃亡。出見執殺。言無地自容以困窮也。天亦哀矜於四方之民。其眷顧天下。選擇賢聖。命用勉力行敬者以爲民主。故王今得之也。○傳言天至敬故○正義曰。天既遠終殷命。言其去而不復反也。說天終殷之命。而言智王在天者。言先智王雖精神在天。而不能救紂者。以紂不行敬故也。戒王使行敬。○傳於其至不忝○正義曰。先智王之後。繼世君臣。謂智王之後紂已前。能守位不失者。經言後王後民。傳言君臣者。見民內有臣民。於此皆服行君之命。言不忝辱父祖也。○傳其終至良臣○正義曰。既言後王。又復言其終。知是後王之終。謂紂也。以瘝從病類。故言瘝病也。鄭王皆以瘝爲病。小人在位。殘暴在下。故以病言之。○傳言困至以窮○正義曰。言困於虐政。抱子攜妻。欲去之。夫。猶人人。

言天下盡然也。保。訓安也。王肅云。匹夫知欲安其室。抱其子。攜其妻。以悲呼天也。王其疾敬德。相古先民有夏。【傳】言王當疾行敬德。視古先民有夏之王。以爲法戒之。天迪從子保。面稽天若。今時既墜厥命。【傳】夏禹能敬德。天道從而子安之。禹亦面考天心而順之。今是桀棄禹之道。天已墜其王命。今相有殷。【傳】次復觀有殷。天迪格保。面稽天若。【傳】言天道所以至於保安湯者。亦如禹。今時既墜厥命。【傳】墜其王命。今沖子嗣。則無遺壽耇。【傳】童子言成王少嗣位治政。無遺棄老成人之言。欲其法之。曰其稽我古人之德。矧曰其有能稽謀自天。傳沖子成王。其考行古人之德則善矣。況曰其有能考謀從天道乎。言至善。

疏王其至自天○正義曰。既言皇天眷顧。命用勉敬者爲人主。故戒王言其疾行敬德。視古先民有夏之君。取大禹以爲法戒。禹以能敬之故。天道從而子安之。禹能面考天心。而順以行敬。今是桀棄禹之道。已墜失其王命矣。更復視有殷之君。取成湯以爲法戒。湯以能敬之故。天亦從而子安之。天道所以至於保安湯者。亦以湯面考天心而順以行敬也。今是紂棄湯之道。已墜失其王命矣。夏殷二代。能敬則得之。不敬則失之。今童子爲王嗣位治政。則無遺棄壽考成人。宜用老成人之言。法古人爲治。曰。王其考行古人之德。則已善矣。況曰。其有能考行所謀。以從順天道乎。若能從順天道。則與禹湯同功。言其善不可加也。○傳夏禹至王命。○正義曰。勸王疾行敬德。乃言天道安夏。知夏禹能行敬德。天道從而子安之。天既子愛禹。禹亦順天心。鄭云。面。猶迴向也。則面爲向義。禹亦志意向天。考天心而順安之。言能同於天心也。禹興夏而桀滅之。知天道子保者是禹也。既墜厥命者是桀也。今桀廢禹之道。已隊失其王命矣。○傳言天至如禹。○正義曰。此說二代興亡。其意同也。於禹言從而子安之。則天於湯亦子安之。故於湯因上略文。直言格保。格。至也。言至於保安湯者。亦如禹也。○傳童子至法之。○正義曰。嗣位治政。謂周公歸政之後。此時王未莅政。而言今沖子嗣者。召公此戒。戒其即政之後故也。壽謂長命。耇是老稱。無遺棄長命之老人。欲其取老人之言而法效之。老人之言。即下云古人之德也。**嗚呼。有王雖小。元子哉。其丕能諴于小民。今休。**傳召公歎曰。有成王雖少。而大爲天所子。其大能和於小民。成今之美。勉之。○諴。音咸。**王不敢後。用顧畏于民碞。**傳王爲政。當不敢後能用之士。必任之爲先。喦。僭也。又當顧畏於下民僭差禮義。能此二者。則德化立。美道成也。○喦，五咸反。徐音吟。

疏 嗚呼至民喦○正義曰。召公歎以戒王。嗚呼。今所有之王。惟今雖復少小。而爲大爲天所子愛哉。言任大也。若其大能和同於天下小民。則成今之美。以勉之。故王當不敢後其能用之士。必任以爲先。又當顧念畏於下民僭差禮義。能此二者。則德化立。美道成矣。○傳王爲至道成○正義曰。王者爲政。任賢使能。有能有用。宜先任之。故王者爲政。當不敢後其能用之士。必任之爲先也。喦。卽巖也。參差不齊之意。故爲僭也。既任能人。復憂下民。故又當顧畏於下民僭差禮義。畏其僭差。當治之使合禮義也。能此二者。則德化立。美道成。美道成。卽今休是也。

王來紹上帝。自服于土中。

傳 言王今來居洛邑。繼天爲治。躬自服行教化。於地勢正中。○治。

直吏反。下爲治致治皆同。旦曰其作大邑其自時配皇天。傳稱周公言其爲大邑於土中。其用是大邑配上天而爲治。毖祀于上下其自時中乂。傳爲治當愼祀于天地。則其用是土中大致治。王厥有成命治民今休。傳用是土中致治。則王其有天之成命治民。今獲太平之美。

疏王來至今休。○正義曰。周公之作洛邑。將以反政於王。故召公述其遷洛之意。今王來居洛邑。繼上天爲治。躬自服行敎化於土地正中之處。故周公旦言曰。其作大邑於土中。其令成王。用是大邑。配大天而爲治。爲治之道。當事神訓民。謹愼祭祀。上下神祇。其用是土中大致治也。旣能治。則王其有天之成命。治理下民。今獲太平之美矣。○傳言王至正中○正義曰。傳言躬自服行。則不訓自也。鄭王皆以自爲用。

○傳稱周至爲治○正義曰。王肅云。旦。周公名也。禮。君前臣名。故稱周公之言爲旦曰。王者爲天所子。代天治民。天有其意。天子繼天使成。謂之紹上帝也。天子設法其理合於天道。是爲配皇天也。天子將欲配天。必宜治居土中。故稱周公之言。其爲大邑於土之中。其當令此成王。用是大邑行化。配上天而爲治也。說周公之意。然。戒成王使順公也。周禮大司徒云。以土圭之法測土深。正日景以求地中。日南則景短多暑。日北則景長多寒。日東則景夕多風。日西則景朝多陰。日至之景。尺有五寸。謂之地中。天地之所合也。四時之所交也。風雨之所會也。陰陽之所和也。然則百物阜安。乃建王國焉。馬融云。王國東都王城。今河南縣是也。○傳爲治至致治○正義曰。祭法云。有天下者祭百神。天地爲大。上下即天地也。故爲治當慎祀於天地。舉天地。則百神之祀皆慎之也。能事神訓民。則其用是土中大致治也。○傳用是至之美○正義曰。用是土中致治。當於天心。則王其有天之成命。降福與之。使多歷年歲治民。今獲太平之美。自旦曰至此。述周公之意也。**王先服殷御事比介于我有周御事。**傳召公既述周公所言。又自陳已意以終其戒。言當先服治殷家御事之臣。使比近於我有周治事之臣。必和協乃可一。○比。毗志反。徐扶志反。近。附近之近。**節性惟日其邁。**傳和比殷周之臣。時節其性。令不失中。則道化惟日其行。○令。力呈反。**王敬作所不可不敬德。**傳敬爲所。不可不敬之德。則下敬奉其命矣。

疏王先至敬德○正義曰。召公既述周公所言。又自陳已意。戒王令爲政。先服治殷家御事之臣。使之比近於我有周治事之臣。令新舊和協。政乃可一。和比殷周之臣。時節其性命。令不失其中。則王之道化。惟日其行矣。王當敬爲所不可不敬之德。其德爲下所敬。則下敬奉其上命。則化必行矣。化在下者。常若命之不行。故以此爲戒。○傳召公至可一。○正義曰。自今休巳上。文義相連。知皆是稱周公言也。此一句意異於上。知是召公自陳巳意以終其戒。殷家治事之臣。謂殷朝舊人。常被殷家任使者也。周家治事之臣。謂西土新來翼贊周家初基者也。周臣恃功。或加陵殷士。殷人失埶。或踈忌周臣。新舊不和。政必乖戾。故召公戒王當先治殷臣。使比近周臣。必和協政乃可一也。不使周臣比殷。而令殷臣比周臣者。周臣奉周之法。當使殷臣從之。故治殷臣使比周臣也。○傳和比至其行。○正義曰。文承比周之下。故知和比殷周之臣。人各有性。嗜好不同。各恣所欲。必或反道。故以禮義時節其性命。示之限分。令不失中。皆得中道。則各奉王化。故王之道化。惟日其行。言日日當行之。日益遠也。顧氏云。和協殷周新舊之臣。制其性命。勿使怠慢也。○傳敬爲至命矣。○正義曰。聖王爲政。當使易從而難犯。故令行如流水。民從如順風。若使設難從之教。爲易犯之令。雖迫以嚴刑而終不用命。故爲其德不可不敬也。王必敬爲此不可不敬之德。則下民無不敬奉其命矣。民奉其王命。是化行也。**我不可不監于有夏。亦不可不監于有殷。**傳言王當視夏殷。法其歷年。戒其不長。**我不敢知曰有夏服天命惟有歷年。**傳以能敬德。故多歷年數。我不敢獨知。亦王所知。**我不敢知曰不其延。惟不敬厥德。乃早墜厥命。**傳言桀不謀長久。惟以不敬其德。故乃早墜失其王命。亦王所知。**我不敢知曰有殷受天命惟有歷年。**傳夏言服。殷言受。明受而服行之。互相兼也。殷之賢王猶夏之賢王。所以歷年。亦王所知。**我不敢知曰不其延。**

惟不敬厥德。乃早墜厥命。傳 紂早墜其命。猶桀不敬其德。亦王所知。今王嗣受厥命。我亦惟茲二國命。嗣若功。傳 其夏殷也。繼受其王命。亦惟當以此夏殷長短之命爲監戒。繼順其功德者而法則之。疏 我不至若功○正義曰。言王所以須慎敬所爲不可不敬之德者。以我不可不監視于有夏。亦不可不監視于有殷。皆有歷年。長與不長。由敬與不敬故也。王當法其歷年。戒其不長。更說宜監之意。我不敢獨知。亦王所知。曰有夏之君。服行天命。以敬德之故。惟有多歷年數。謂桀父已前也。其末亦我不敢獨知。亦王所知。曰有夏桀不其長久。惟不敬其德。乃早墜失其王命。是爲敬者長。不敬者短。所以我不可不監夏也。我不敢獨知。亦王所知。曰有殷之君受天命。以敬德之故。惟有多歷年數。謂紂父已前也。其末亦我不敢獨知。亦王所知。

曰殷紂不其長久。惟不敬其德。乃早墜失其王命。亦是爲敬者長。不敬者短。所以我不可不監殷也。夏殷短長既如此矣。今王繼受其命。我亦惟當用此二國。夏殷長短之命。以爲監戒。繼順其功德者而法則之。勸王爲敬也。○傳言王至不長。○正義曰。相。監。俱訓爲視。上言相有夏。相有殷。今復重言監有夏監有殷者。上言順天則興。棄命則滅。此言敬則歷年。不敬則短。故重言視夏殷。欲令王法其歷年。戒其不長故也。○傳以能至所知。○正義曰。下云不敬厥德。乃早墜厥命。知其以能敬德者。故多歷年數也。上言相夏相殷。皆云天迪從子保。面稽天若。言上天以道安人。人主考天順之。非創業之君不能如是。故傳以禹湯當之。此言敬德歷年。則繼體賢君。亦能如此。所言歷年。非獨禹湯而已。下傳云殷之賢王。猶夏之賢王。則此多歷年數者。夏則桀前之賢王。殷則紂前之賢王。不失位者皆是也。召公此誥。指以告王。故知言我不敢獨知者。其意言亦是王所知也。王說亦然。

王乃初服。嗚呼。若生子。罔不在

厥初生。自貽哲命。(傳)言王新即政。始服行教化。當如子之初生。習爲善則善矣。自遺智命。無不在其初生。爲政之道。亦猶是也。○遺。唯季反。今天其命哲。命吉凶。命歷年。(傳)今天制此三命。惟人所修。修敬德則有智則常吉。則歷年。爲不敬德則愚凶不長。雖説之。其實在人。知今我初服。宅新邑。肆惟王其疾敬德。(傳)天已知我王今初服政。居新邑洛都。故惟王其當疾行敬德。王其德之用。祈天永命。(傳)言王當其德之用。求天長命以歷年。其惟王勿以小民淫用非彝。(傳)勿用小民過用非常。欲其重民秉常。亦敢殄戮用乂民。傳亦當果敢絶刑戮之道用治民。戒以慎罰。若有功其惟王位在德元。傳順行禹湯所以成功。則其惟王居位在德之首。小民乃惟刑用于天下越王顯。傳王在德元。則小民乃惟用法於天下。言治政於王亦有光明。疏王乃至王顯○正義曰。既言當法則賢王。又戒王爲政之要。王乃初始即政。服行教化。嗚呼。王行教化。當如初生之子。子之善惡。無不在其初生。若習行善道。此乃自遺智命。智命。謂身有賢智。命由已來。是自遺也。爲政之道亦猶是矣。爲政初則能善。天必遺王多福。使王有智則常吉。歷年長久也。今天觀人所爲以授之命。其命有智與愚也。其命吉與凶也。其命歷年與不長也。若能敬德。則有智常吉。歷年長久也。若不敬德。則愚凶不長也。天已知我王今初始服政。居此新邑。觀王善惡。欲授之命。故惟王其當疾行敬德。王其德之用。言爲行當用德。則能求天長命以歷年也。其惟王勿妄役小人。過用非常之事。亦當果敢絶刑戮之道以治下民。順行禹湯所有成功。則惟王居天子之位。在德行之首矣。王能如是。小民乃惟法則於王。行用王德於天下。如是。則於王道亦有光明也。○傳言王至猶是。○正義曰。以此新卽政。始行教化。比子之初生。始欲學習爲善則善矣。若能爲善。天必授之以賢智之命。是此賢智之命。由已行善而來。是自遺智命矣。初習爲惡則惡矣。若其爲惡。天必授之以頑愚之命。亦是自遺愚命也。方欲勸王慕善。故惟舉智命而不言愚命者。愚智由學習而至。是無不在其初生。此初生謂年長。以解習學。非初始生也。爲政之道亦猶是。爲善政得福。爲惡政得禍。亦如初生之子習善惡也。○傳今天至在人。○正義曰。命由天授。遠舉天心。故言今天制此三命。有哲當有愚。有歷年當有不長。文不備者。以吉凶相反。言命吉凶。則哲對愚。

歷年對不長可知矣。天制此三命。善惡由人。惟人所修習也。此篇所云惟勤修敬德。故云修敬德則有智則常吉。則歷年。爲不敬德則愚凶不長也。愚智夭壽之外而別言吉凶。於凡人則康强爲吉。病患爲凶。於王者則太平爲吉。禍亂爲凶。三者雖以託天說之。其實行之在人。人行之有善惡。天隨以善惡授之耳。此是立教誘人之辭。不可以賢智夭枉爲難也。○傳言王至歷年○正義曰。其德之用。言爲行當用德。用德與疾敬德爲一事也。故上傳云王者當疾行敬德則此文是也。○傳勿用至秉常○正義曰。勿用小民非常役。用爲非常之義。戒王當使民以時。莫爲非常勞役。欲其重民秉常也。○傳亦當至慎罰○正義曰。聖人作法。以刑止刑。以殺止殺。若眞犯罪之人。亦當果敢致罪之。以此絶刑戮之道用治民。謂獄事無疑。決斷得理。則果敢爲絶刑戮之道。若其獄情疑惑。枉濫者多。是爲不能果敢絶刑殺之道也。上戒王以明德。此戒王以慎罰。故言亦也。○傳順行至之首○正義曰。若有功。必順前世有功者也。上文所云。相夏相殷禹湯之功。故知此順行禹湯所有成功。能順禹湯之功。則惟王居位在德之首。禹湯爲有德之首。故王亦爲首。○傳王在至光明。○正義曰。詩稱民之秉彝。好是懿德。故王在德元。則小民乃惟法則於王。行王政於天下。王之爲政。民盡行之。是言治政於王道有光明也。上下勤恤。其曰我受天命丕若有夏歷年。式勿替有殷歷年。傳言當君臣勤憂敬德。曰我受天命。大順有夏之多歷年。勿用廢有殷歷年。庶幾兼之。欲王以小民受天永命。傳我欲王用小民受天長命。言常有民。拜手稽首曰予小臣敢以王之讎民百君子。傳拜手。首至手。稽首。首至地。盡禮致敬。以入其言。言我小臣。謙辭。敢以王之匹民百君子。治民者非一人。言民在下。自上匹之。○讎。字或作酬。越友民保受王威命明德。傳言與匹民百君子。於友愛民者。共安受王之威命明德奉行之。王末有成命王亦顯。傳臣下安受王命。則王終有天成命。於王亦昭著。我非敢勤惟恭奉幣用供王能祈天永命。傳言我非敢獨勤而已。惟恭敬奉其幣帛。用供待王能求天長命。將以慶王多福。必上下勤恤。乃與小民受天永命。○奉。如字。又芳孔反。供。音恭。徐紀用反。注供待同。

疏上下至永命○正義曰。上既勸王敬德又言臣當助君。言君臣上下勤憂敬德。所以勤者。其言曰。我周家既受天命當大順有夏之多歷年歲。用勿廢有殷之多歷年歲。夏殷勤行敬德。故多歷年長久。我君臣亦當行敬德。庶幾兼之。如此者。我欲令王用小民受天長命。言愛下民。則歷年多也。召公既言此。乃拜手稽首。盡禮致敬。欲王納用其言。既拜而又曰。我小臣。敢以王之匹配於民。衆百君子於友愛民者。共安受王之威命明德。敬奉行之。是上勤恤也。臣下安受王命。則王終有天之成命。於王亦爲昭著也。我非敢獨勤而已。衆百君子皆然。言我與衆百君子。惟恭敬奉其幣帛。用供待王。能求天長命。將以此慶王受天多福也。○傳言當至兼之○正義曰。王者不獨治。必當以臣助之。上句惟指勸王。故此又言臣助君。上下。謂君臣。故言當君臣共勤憂敬德。不獨使王勤也。我周王承夏殷之後受天明命。欲其年過二代。既言大順有夏歷年。又言勿廢有殷歷年。庶幾兼彼二代歷年長久。勤行敬德。卽是大順勿廢也。○傳拜手至匹之○正義曰。拜手。頭至手。稽首。頭至地。謂既爲拜。當頭至手。又申頭以至地。故拜手稽首重言之。諸言拜手稽首者。義皆然也。就此文詳而解之。周禮太祝辨九拜。一曰稽首。施之於極尊。召公爲此拜者。恐王忽而不聽。盡禮致敬。以入其言於王。此拜手稽首一句。史錄其事。非召公語也。召公設言未盡。爲此拜乃更言。鄭云。拜手稽首者。召公既拜。興曰我小臣以下。言召公拜訖而復言也。王肅云。我小臣。召公自謂。是小臣。爲召公之謙辭。讎訓爲匹。敢以王之匹民百君子。百者舉其成數。言治民者非一人。鄭玄云。王之諸侯與羣吏。是非一人也。嫌匹爲齊等。故云民在下自上匹之。○傳言我至永命。○正義曰。我非敢勤。召公自道。言我非敢獨勤而已。必上下勤恤。言與衆百君子皆勤也。禮執贄必用幣帛。惟恭敬奉其幣帛。用供待王能求天長命。將以執贄。慶王多福。王能愛養小民。即是求天長命。待王能愛小民。即欲慶之。

洛誥第十五

周書

召公既相宅。周公往營成周。使來告卜。傳 召公先相宅卜之。周公自後至。經營作之。遣使以所卜吉兆逆告成王。○相。息亮反。注及下同。使。所吏反。注遣使同。

作洛誥。

洛誥。傳 既成洛邑。將致政成王。告以居洛之義。

疏 召公至洛誥 ○正義曰。序自上下相顧爲文。上篇序云。周公先相宅。此承其下。故云召公既相宅。召公以三月戊申相宅而卜。周公自後而往。以乙卯日至。經營成周之邑。周公卽遣使人來告成王。以召公所卜之吉兆。及周公將欲歸政成王。王乃陳本營洛邑之事。以告成王。王因請教誨之言。周公與王更相報答。史敘其事作洛誥。史錄此篇。錄周公與王相對之言。以爲後法。非獨相宅告卜而已。但周公因致政本說往前告卜。經文既具。故序略其事。直舉其發言之端耳。

○傳召公至成王○正義曰。上篇云。三月戊申。太保朝至于洛卜宅。厥既得卜則經營。是召公先相宅則卜之。又云。乙卯周公朝至于洛。則達觀于新邑營。是周公自後至經營作之。召公相洛邑。亦相成周。周公營成周。亦營洛邑。各舉其一。互以相明。卜者。召公卜也。周公既至洛邑。案行所營之處。遣使以所卜吉兆逆告成王也。案上篇傳云。王與周公俱至。何得周公至洛。逆告王者。王與周公雖與相俱行。欲至洛之時。必周公先到行處所。故得逆告也。顧氏云。周公既至洛邑。乃遣以所卜吉兆來告於王。是也。經稱成王言公既定宅。伻來。來視予卜休恒吉。是以得吉兆告成王也。上篇召公以戊申至。周公乙卯至。周公在召公後七日也。至洛較七日。其發鎬京。或亦較七日。○傳既成至之義○正義曰。周公攝政七年三月。經營洛邑。既成洛邑。又歸向西都。其年冬將致政成王。告以居洛之義。故名之曰洛誥。言以居洛之事告王也。篇末乃云。戊辰王在新邑。明戊辰已上皆是西都時所誥也。

周公拜手稽首曰朕復子明辟。傳周公盡禮致敬。言我復還明君之政於子。子成王。年二十成人。故必歸政而退老。○辟必亦反。王如弗敢及天基命定命。傳如。往也。言王往日幼少。不敢及知天始命周家安定天下之命。故已攝。予乃胤保大相東土其基作民明辟。傳我乃繼文武安天下之道。大相洛邑。其始爲民明君之治。疏周公至民明辟○正義曰。周公將反歸政。陳成王將居其位。周公拜手稽首。盡禮致敬於王。既拜乃與而言曰。我今復還子明君之政。言王往日幼少。其志意未成。不敢及知天之始命我周家安定天丁之命。故我攝王之位。代王爲治。我乃繼文王武王安定天下之道。以此。故大視東土洛邑之居。其始欲王居之爲民明君之治。言欲爲民明君。必當治土中。故爲王營洛邑也。○傳周公至退老。○正義曰。周公還政而已。明闇在於人君。而云復還明君之政者。其意欲令王明。故稱復子明辟也。正以此年還政者。以成王年已二十成人。故必歸政而退老也。傳說成王之年惟此而已。王肅於金縢篇末云。武王年九十三而已。冬十一月崩。其明年稱元年。周公攝政遭流言。作大誥而東征。二年克殷殺管叔。三年歸。制禮作樂。出入四年六年而成。七年營洛邑。作康誥召誥洛誥。致政成王。然則武王崩時。成王年已十三矣。周公攝政七年。成王適滿二十。孔於此言成王年二十。則其義如王肅也。又家語云。武王崩時。成王年十三。是孔之所據也。○傳如往至已攝○正義曰。如。往。釋詁文。乃。訓與也。言王往日幼少。志意未成。不敢與知上天始命我周家安定天下之命。故已攝也。天命周家安定天下者。必令天下太平乃爲安定。成王幼少。未能使之安定。故不敢與知之。周公所以攝也。○傳我乃至之治。○正義曰。亂訓繼也。文王受命。武王伐紂。意在安定天下。天下未得安定。故周公言我乃繼續文武安定天下之道。大相洛邑之地。其處可行教化。始營此都。爲民明君之政治。言欲爲民明君。其意當在此。

予惟乙卯朝至于洛師。傳致政在冬。本其春來至洛衆。說始卜定都之意。

我卜河朔黎水。我乃卜澗水東。瀍水西。惟洛食。傳我使人卜河北黎水上不吉。又卜澗瀍之間。南近洛吉。今河南城也。卜必先墨畫龜。然後灼之。兆順食墨。○河朔朔北也。瀍。直連反。

我又卜瀍水東。亦惟洛食。伻來以圖近。附近之近。及獻卜。傳今洛陽也。將定下都。遷殷頑民。故并卜之。

遣使以所卜地圖。及獻所卜吉兆。來告成王。○伻，普耕反。徐敷耕反。又甫耕反。下同。[疏]予惟至獻卜○正義曰。周公追述立東都之事。我惟以七年三月乙卯之日。朝至於洛邑衆作之處。經營此都。其未往之前。我使人卜河北黎水之上。不得吉兆。乃卜澗水東。瀍水西。惟近洛。而其兆得吉。依規食墨。我亦使人卜瀍水東。亦惟近洛。其兆亦吉。依規食墨。我以乙卯至洛。我即使人來以所卜地圖。及獻所卜吉兆於王。言卜吉立此都。王宜居之爲治也。○傳致政至之意○正義曰。下文揔結周公攝政之事。云在十有二月。是致政在冬也。在冬發言。嫌此事是冬。故辨之云。本其春來至洛衆。追說始卜定都之意也。周公至洛之時。庶殷已集於洛邑。故云至于洛師。○傳我使至食墨○正義曰。嫌周公自卜。故云我使人。謂使召公也。案上篇召公至洛。其日即卜。而得卜河朔黎水者。以地合龜。非就地內。此言所卜三處。皆一時事也。黎水之下不言吉凶者。我乃是改卜之辭。明其不吉乃改。故知卜河北黎水之上不吉也。武王定鼎於郟鄏。已有遷都之意。而先卜黎水上者。以帝王所都。不常厥邑。夏殷皆在河北。所以博求吉地。故令先卜河北。不吉。乃卜河南也。其卜澗瀍之間南近洛吉。今河南城也。基趾仍在。可驗而知。所卜黎水之上。其處不可知矣。凡卜之者。必先以墨畫龜。要坼依此墨。然後灼之求其兆。順食此墨畫之處。故云惟洛食。顧氏云。先卜河北黎水者。近於紂都。爲其懷土重遷。故先卜近以悅之。用鄭康成之説。義或然也。○傳今洛至成王○正義曰。洛陽卽成周。敬王自王城遷而都之。春秋昭三十二年。城成周是也。周公慮此頑民。未從周化。故旣營洛邑。將定下都以遷殷之頑民。故命召公卽并卜之。周公旣至。卽遣使以所卜地圖。及獻所卜吉兆。來告於成王。言已重其事。并獻卜兆者。使王觀兆知其審吉也。

王拜手稽首曰。公不敢不敬天之休。來相宅。其作周匹休。傳成王尊敬周公。答其拜手稽首而受其言。

述而美之。言公不敢不敬天之美。來相宅。其作周以配天之美。**公既定宅。伻來。來視予卜休恒吉。我二人共貞。**傳言公前已定宅。遣使來。來視我以所卜之美。常吉之居。我與公共正其美。○貞，正也。馬云當也。**公其以予萬億年敬天之休。**傳公其當用我萬億年敬天之美。十千為萬。十萬為億。言久遠。**拜手稽首誨言。**傳成王盡禮致敬於周公。來教誨之言。○盡，子忍反。疏王拜手至誨言。○正義曰：成王尊敬周公。故亦盡禮致敬。拜手稽首。乃受公之語。述公之美曰。不敢不敬天之美。來至洛相宅。其意欲作周家配天之美。故也。公既定洛邑。即使人來告。亦來視我以所卜之美常吉之居。我當與公二人共正其美。公定此宅。其當用我萬億年敬天之美故也。
王既言此。又拜手稽首於周公求教誨之言。○傳成
王至之美○正義曰。拜手稽首。施於極敬。哀十七年
左傳云。非天子。寡君無所稽首。諸侯小事大。尚不稽
首。況於臣乎。成王尊敬周公。故答其拜手稽首而受
其言。又述而美之。天命文武使王天下。是天之美事。
言公不敢不敬天之美。來相洛邑之宅。○傳言公至
其美○正義曰。周公追述往前遣使獻卜。故成王復
述公言。言公前已定宅。遣使來。來視我所卜之吉兆。
常吉之居。自言前已知其卜既有此美。我當與公二
人。共正其美。意欲留公輔己。共公正此美事。來來。重
文者。上來言使來。下來爲視我卜也。鄭云。伻來來者。
使二人也。與孔意異。○傳公其至久遠○正義曰。言
居洛爲治。可以永久。公意其當用我使萬億年敬天
之美。言公欲令己作胤久遠。美公意之深也。王制云。
方百里者。爲方十里者百。爲田九十億畝。方里者萬。
則是爲田九百萬畝。今記乃云九十億畝。是名十萬
爲億也。楚語云。百姓千品。萬官億醜。每數相十。是古

十萬曰億。今之筭術。乃萬萬爲億也。○傳成王至之言○正義曰。此一段史官所錄。非王言也。王求教誨之言。必有求教誨之辭。史略取其意。故直云誨言。爲求誨言而拜。故言成王盡禮致敬於周公。求教誨之言也。

周公曰。王肇稱殷禮。祀于新邑。咸秩無文。傳言王當始擧殷家祭祀。以禮典祀於新邑。皆次秩不在禮文者而祀之。

予齊百工。伻從王于周。予惟曰庶有事。傳我整齊百官。使從王於周。行其禮典。我惟曰庶幾有善政事。

今王卽命曰。記功宗。以功作元祀。傳今王就行王命於洛邑。曰。當記人之功。尊人亦當用功大小爲序。有大功則列大祀。謂功施於民者。○曰記。上音越。一音人賓反。惟命曰汝受命篤弼丕視功載乃汝其悉自教工。傳惟天命我周邦。汝受天命厚矣。當輔大天命。視羣臣有功者記載之。乃汝新卽政。其當盡自教衆官。躬化之。孺子其朋。孺子其朋。其往。傳少子愼其朋黨。少子愼朋黨。戒其自今已往。無若火始燄燄。厥攸灼敘弗其絶。傳言朋黨敗俗。所宜禁絶。無令若火始然。燄燄尚微。其所及灼然有次序。不其絶。事從微至著。防之宜以初。○燄音豔。敘絶句。馬讀敘句字屬下。令力呈反。厥若彝及撫事。如予惟以在周工。傳其順常道及撫國事。如我所爲。

惟用在周之百官。往新邑。伻嚮卽有僚。明作有功。惇

大成裕。汝永有辭。傳 往行政化於新邑。當使臣下各嚮就有官。明爲有功。厚大成寬裕之德。則汝長有歎譽之辭於後世。○嚮，許亮反。注同。惇，都昆反。

疏 周公至有辭○正義曰。王求教誨之言。公乃誨之。周公曰。王居此洛邑。當始舉殷家祭祀。以爲禮典。祀於洛之新邑。皆次秩在禮無文法應祀者。亦次秩而祀之。我雖致政。爲王整齊百官。使從王於周。行其禮典。若能如此。我惟曰庶幾有善政事。今王就行。王命於洛邑曰。王當記人之功。尊人亦當用功大小爲次序。有大功者則列爲大祀。又申述所以祀神記臣功者。政事由臣而立。惟天命我周邦之故。曰汝受天命厚矣。當輔大天命。故須視羣臣有功者記載之。若知臣功。則臣皆盡力。欲令羣臣盡力。於其初卽教之。乃汝新始卽政。其當盡自教誨衆官。令王

躬自化之使之立功。又以朋黨害政。尤宜禁絶。故丁寧戒之。少子愼其朋黨。少子愼其朋黨。戒其自今已往。令常愼此朋黨之事。若欲絶止。禁其未犯。無令若火始然。燄燄尚微。火既然燄。其火所及。將灼然有次序矣。不其復可絶也。汝成王其當順此常道。及撫循國事。如我攝政所爲。惟當用我此事。在周之百官。則當畏服各立功矣。汝當以此往行政化於新邑。當使臣下百官。各嚮就有官。明爲有功。厚大成寬裕之德。則汝長有歎譽之辭於後世。此周公誨王之言也。○傳言王至祀之。○正義曰。於時制禮已訖。而云殷禮者。此殷禮卽周公所制禮也。雖有損益。以其從殷而來。故稱殷禮。猶上篇云庶殷。本其所由來。孔於上傳已具。故於此不言。必知殷禮卽周禮者。以此云祀於新邑。卽下文烝祭歲也。既用騂牛。明用周禮。云始者。謂於新邑始爲此祭。顧氏云。舉行殷家舊祭祀。用周之常法。言周禮卽殷家之舊禮也。鄭玄云。王者未制禮樂。恒用先王之禮樂。是言伐紂以來。皆用殷之禮樂。非始成王用之也。周公制禮樂既成。不使成王卽用周禮。仍令用殷禮者。欲待明年即政。告神受職。然後班行周禮。班訖始得用周禮。故告神且用殷禮也。孔義或然。故復存之。神數多而禮文少。應祭之神。名有不在禮文者。故令皆次秩不在禮文而應祀者皆舉而祀之。○傳我整至政事○正義曰。時成王未有留公之意。公以成王初始即政。自慮百官不齊。故雖即致政。猶欲整齊百官。使從王於周。謂從至新邑。行其典禮。周公以成王賢君。今復成長。故言我惟曰庶幾有善政事。言己私爲此言。冀王爲政善也。○傳今王至民者○正義曰。記臣功者。是人主之事。故言今王就行王命於洛邑。謂正位爲王。臨察臣下。知其有功以否。恐王輕忽此事。故曰當記人之功。更言曰者。所以致殷勤也。尊人必當用功大小爲次序。令功大者居上位。功小者處下位也。有大功則列爲大祀。謂有殊功。堪載祀典者。祭法云。聖王之制祭祀也。法施於民則祀之。以死勤事則祀之。以勞定國則祀之。能禦大災則祀之。能捍大患則祀之。是爲大祀。謂功施於民者也。或時立其祀。配享廟庭。亦是也。○傳惟天至化之。○正義曰。惟天命我周邦。謂天命我文武。故及汝成王復受天命爲天子。是天之恩德深厚矣。天以厚德被汝。汝當輔大天命。任賢使能。行合天意。是輔大天也。汝當輔大天命。故宜視羣臣有功者。記載之。覆上記功宗以功言之也。欲令羣臣有功。必須躬自教化之在於初始。故言乃汝新即政。其當盡自教衆官。欲令王躬化之者。正己之身。使羣臣法之。非謂以辭化之也。言盡自教者。政有大小。恐王輕大略小。令王盡自親化之。言惟命曰亦是致殷勤。乃者。緩辭也。義異上句。故言乃耳。王肅云。此其盡自教百官。謂正身以先之。○傳少子至已往。○正義曰。鄭云。孺子。幼少之稱。謂成王也。此上皆云成王。此句特言少子者。以明朋黨敗俗。爲害尤大。恐年少所忽。故特言孺子也。朋黨謂臣相朋黨。慎其朋黨。令禁絶之。戒其自今已往。謂從即政以後。常以此事爲戒也。○傳言朋至以初。○正義曰。無令若火始然。以喻無令朋黨始發。若火既然。初雖燄燄尚微。其火所及。灼然有次序。不其復可絶也。以喻朋黨若起。漸漸益大。羣黨既成。

不可復禁止也。事從微至著。防之宜以初。謂朋黨未發之前。防之使不發。○傳其順至百官○正義曰。考古依法。爲順常道。號令治民。爲撫國事。周公大聖動成軌則。如我所爲。謂如攝政之時事所施爲也。惟當用我所爲。在周之百官。令其行周公之道法於百官也。○傳往行至後世○正義曰。此時在西都戒王。故云往行政化於新邑。當使臣下各嚮就所有之官。令其各守其職。思不出其位。自當陳力就列。明爲有功。在官者。當以褊小急躁爲累。故令臣下厚大成寬裕之德。臣下既賢。君必明聖。則汝長有歎譽之辭於後世矣。今周頌所歌。即歎譽成王之辭也。

公曰已汝惟沖子惟終。傳已乎。汝惟童子。嗣父祖之位。惟當終其美業。

汝其敬識百辟享。亦識其有不享。享多儀。儀不及物。惟曰不享。傳奉上謂之享。言汝爲王。其當敬識百君諸侯之奉上

者。亦識其有違上者。奉上之道多威儀。威儀不及禮

物。惟曰不奉上。**惟不役志于享。凡民惟曰不享。惟事**

其爽侮。傳 言人君惟不役志於奉上。則凡人化之。惟

曰不奉上矣。如此。則惟政事其差錯侮慢。不可治理。

疏 公曰至爽侮○正義曰。周公復誨王曰。嗚呼。前言

已如是。更復教誨。汝惟童子。嗣父祖之位。惟當終

其美業。天子居百官諸侯之上。須知臣下恭之與慢。

奉上謂之享。汝爲天子。其當恭敬記識百君諸侯奉

上者。亦當記識其有不奉上者。奉上之道多威儀。威

儀不及禮物。則人惟曰不奉上之道矣。所以須記之

者。百官諸侯爲下民之君。惟爲政教。不肯役用其志

於此奉上之事。則凡民化之。亦惟曰不奉上矣。百官

不奉天子。民復不奉百官。上下不相畏敬。惟政事其

皆差錯侮慢。不可治理矣。故天子須知百官奉上與

否也。○傳已乎至美業○正義曰。周公止而復言。故更言公曰。已乎者。道前言已如是矣。爲後言發端也。童子者。言其年幼而任重。嗣父祖之位。當終其美業。能致太平。是終之也。○傳奉上至奉上○正義曰。享訓獻也。獻是奉上之辭。故奉上謂之享。百官諸侯上事天子。凡所恭承。皆是奉上。非獨朝覲貢獻。乃爲奉上。鄭玄專以朝聘說之。理未盡也。言汝爲王。當敬識百官諸侯之奉上者。亦識其有違上者。察其恭承王命。如法以否。奉上違上。皆須記之。奉上者當以禮接之。違上者當以刑威之。所謂賞慶刑威。爲君之道。奉上之道。其事非一。故云多威儀。威儀既多。皆須合禮。其威儀不及禮物。惟曰不奉上矣。謂旁人觀之。亦言其不奉上也。鄭云。朝聘之禮至大。其禮之儀不及物。謂所貢篚多而威儀簡也。威儀既簡。亦是不享也。

乃惟孺子須朕不暇。聽朕教汝于棐民彝。傳我爲政常若不暇。汝惟小子。當分取我之不暇而行之。聽我敎汝於輔民之常而用之。○頒音班。徐甫云反。馬云。猶也。棐音匪。又芳鬼反。

汝乃是不蘉乃時惟不永哉。傳 汝乃是不勉爲政。汝是惟不可長哉。欲其必勉爲可長。○蘉。徐莫剛反。又武剛反。馬云。勉也。

篤敘乃正父罔不若予不敢廢乃命。傳 厚次敘汝正父之道而行之。無不順我所爲。則天下不敢棄汝命。常奉之。

汝往敬哉茲予其明農哉彼裕我民無遠用戾。傳 汝往居新邑。敬行敎化哉。如此。我其退老。明敎農人以義哉。彼天下被寬裕之政。則我民無遠用來。言皆來。○被。皮寄反。又被美反。疏 乃惟至用戾。○正義曰。又曰。巳居攝之時。爲政常若不暇。

汝惟小子。當分取我之不暇而施行之。又聽我教汝於輔民之常而用之。汝乃於是事不勉力爲政。則汝是惟不可長久哉。必須勉力爲之。乃可長久。此所言皆是汝父所行。汝欲勉之。但厚次序汝正父之道而行之。無不順我所爲。則天下不敢廢棄汝命。必常奉而行之。汝往居新邑。敬行教化哉。如此。我其退老。明教農人以義哉。汝若能使彼天下之民。被寬裕之政。則我天下之民。無問遠近者。悉皆用來歸汝矣。○傳我爲至用之。○正義曰。爲政常若不暇。謂居攝時也。聖人爲政。務在知人。雖復治致太平。猶恨意之不盡。故謙言已所不暇。若言猶有美事未得施者然。故戒之成王。汝惟小子。當分取我之不暇而行之。言已所不暇行者。欲令成王勉行之。鄭玄云。成王之才。周公倍之。猶未而言分者。誘掖之言也。生民之爲業。雖復志有經營。不能獨自成就。須王者設教以輔助之。聽我教汝輔民之常法而用之。謂用善政以安民。說文云。須。分也。○傳汝乃至可長。○正義曰。成王言公其以予萬億年。言欲已長久也。故周公於此戒之。汝乃於是不勉力爲政。汝惟不可長哉。欲其必勉力勤行政教。爲可長久之道。然後可至萬億年耳。釁之爲勉。相傳訓也。鄭王皆以爲勉。○傳厚次至奉之。○正義曰。正父。謂武王。言其德正。故稱正父。厚次序汝正父之道而行之。令其爲武王之政也。武王周公俱是大聖。無不順我所爲。又令法周公之道。既言法武王。又法周公。則天下不敢棄汝命。常奉行之。○傳汝往至皆來。○正義曰。歸其王政。令汝往居新邑。敬行教化哉。公既歸政。則身當無事。如此。我其退老於州里。明教農人以義哉。又令成王行寬裕之政。以治下民。民被寬裕之政。則天下之民。無問遠近者用來歸王。言遠處皆來也。上又使之惇大成裕。故此言裕政來民。結上事也。伏生書傳稱禮致仕之臣。教於州里。大夫爲父師。士爲少師。朝夕坐於門塾。而教出入之子弟。是教農人以義也。

王若曰。公明保予沖子。傳成王順周公意。請留之自輔。言公當明安我童子。不可去之。**公稱丕**

顯德。以予小子揚文武烈。傳 言公當留舉大明德。用我小子。褒揚文武之業。而奉順天。○褒。薄謀反。切韻博毛反。奉答天命和恒四方民居師。傳 又當奉當天命。以和常四方之民。居處其衆。惇宗將禮。稱秩元祀。咸秩無文。傳 厚尊大禮。舉秩大祀。皆次秩無禮文而宜在祀典者。凡此待公而行。惟公德明光于上下。勤施于四方。傳 言公明德光於天地。勤政施於四海。萬邦四夷服仰公德而化之。旁作穆穆迓衡。不迷文武勤教。傳 四方旁來爲敬敬之道。以迎太平之政。不迷惑於文武所勤之教。言化洽。○旁，步光反。迓，五嫁反。馬、鄭、王皆音魚據反。予沖子夙夜毖祀。傳言政化由公而立，我童子徒早起夜寐，慎其祭祀而已，無所能。

疏「王若」至「毖祀」。○正義曰：王以周公將退，因誨之而請留公。王順周公之意而言曰：公當留住而明安我童子，不可去也。所以不可去者，當舉行大明之德，用使我小子褒揚文武之業，而奉當天命，以和常四方之民，居處其衆故也。其厚尊大禮，謂舉秩大祀，皆次秩禮所無文者而皆祀之。凡此皆待公而行，非我能也。更述居攝時事，惟公明德光于天地，勤政施於四方，使四方旁來爲敬敬之道，以迎太平之政，下民皆不復迷惑於文武所勤之教，言公化洽使如此也。今若留輔我童子，惟當早起夜寐，慎其祭祀而已，言政化由公而立，我無所能也。○傳「成王」至「去之」。○正義曰：成王以周公誨已爲善，順周公之意，示已欲行善政，而請留之自輔。王以公若捨我而去，則已政闇而治危，故云公當明安我童子。不可去也。○傳言公至順天。○正義曰。文武受命。功德盛隆。成王自量已身。不能繼業。言公當留舉大明德以佑助我。用我小子褒揚文武之業。而奉順天者。下句奉答天命是也。孔分經爲傳。故探取下句以申之。○傳又當至其衆○正義曰。天命周家。欲令民治。故又當奉當天命。以和常四方之民居處其衆也。奉當者。尊天意。使允當天心。和協民心。使常行善也。居處其衆。使之安土樂業也。○傳厚尊至而行○正義曰。釋詁云。將。大也。厚尊大禮。謂祭祀之禮。祭統云。禮有五經。莫重於祭。是祭禮最尊大。公誨成王。令肇稱殷禮。祀于新邑。咸秩無文。欲答公誨已之事。還述公辭。舉秩大祀。皆次秩。無禮文而宜在祀典者。其祀事非我所爲。凡此皆待公而行者也。言公不可捨我以去也。○傳言公至化之○正義曰。此與下經。皆追述居攝時事。堯典訓光爲充。此光亦爲充也。言公之明德充滿天地。卽堯典格于上下。勤政施於四方。卽堯典光被四表也。意言萬邦四夷。皆服仰公德而化之。上言待公乃行之。此言公有是德。言其將來。說其已然。所以深美公也。○傳四方至化洽○正義曰。上言施化在公。此言民化公德四方旁來爲敬敬之道。民皆敬嚮公。以迎太平之政。言迎者。公政從上而下。民皆自下迎之。言其慕化速也。文武勤行教化。欲以教訓利民。民蒙公化。識文武之心。不復迷惑文武所勤之教。言公居攝之時。政化已洽於民也。○傳言政至所能○正義曰。此述留公之意。陳自今已後之事。言公若留住。政化由公而立。我童子徒早起夜寐。愼其祭祀而已。於政事無所能。欲惟典祭祀。以政事委公。襄二十六年左傳云。衞獻公使與甯喜言曰。苟得反國。政由甯氏。祭則寡人。亦猶是也。

王曰。公功棐迪篤。罔不若時。傳公之功。輔道我已厚矣。天下無不順而是公之功。疏王曰公功至若時○正義曰。王又重述前言。還說居攝時事也。曰。公之功輔道我已厚矣。天下無有不順而是公之功者。公所以須留也。○傳公之至之功○正義曰。王意言公之居攝。天下若爲非。則可捨我而去。公之居攝。天下無不順而是公之功。不可捨我去。王曰。公。予小子其退。即辟于周。命公後。傳我小子退坐之後。便就君於周。命立公後。公當留佑我。四方迪亂。未定于宗禮。亦未克敉公功。傳言四方雖道治。猶未定於尊禮。禮未彰。是亦未能撫順公之大功。明不可以去。○敉。亡婢反。治。直吏反。下同。迪將其後。監我士師工。傳公留教道將助我。其今已後之政。監篤我政事衆官。委任之言。○監。工銜反。注同。誕保文武受民。亂爲四輔。傳大安文武所受之民。治之爲我四維之輔。明當依倚公。

疏王曰公予至四輔○正義曰。王呼周公曰

我小子其退此坐。就爲君於周。謂順公之言。行天子之政於洛邑也。至洛邑。當命公後。立公之世子爲國君。公當留輔我也。公之攝政。四方雖已道治。理猶自未能定於尊禮。是亦未能撫順公之大功。公當待其定大禮。順公之大功。此時未可去也。公當留教道將助我。其今已後之政。監篤我政事衆官。以此大安文武所受之民而治之。爲我四維之輔助。明已當依倚公也。○傳我小至佑我○正義曰。退者。退朝也。周公於時令成王坐王位。而以政歸之。成王順周公言。受其政也。言我小子退坐之後。便就君位於周。周。洛邑。許其從公言適洛邑而行新政也。古者臣有大功。必封爲國君。今周公將欲退老。故命立公後。使公子伯禽爲國君。公當留佑我。王肅云。成王前春。亦俱至洛邑。是顧無事既會而還宗周。周公往營成周。還來致政成王也。○傳言四至以去○正義曰。王意恐公意以四方既定。不須更留。故謂公云。四方雖已道治。而猶未能定於尊大之禮。言其禮樂未能彰明也。禮既未彰。是天下之民亦未能撫安順行公之大功。公當待其禮法明公功順。乃可去耳。明今不可以去。○傳大安至倚公○正義曰。文武受民之於天下。今大安文武所受之民。助我治之。爲我四維之輔。明己當依倚公也。維者。爲之綱紀。猶如用繩維持之。文王世子云。設四輔。謂設衆官爲四方輔。功周公一人。事無不統。故一人爲四輔。管子云。四維不張。國乃滅亡。傳取管子之意。故言四維之輔也。

王曰。公定。予往已。公功肅將祗歡。傳公留以安定我。我從公言。往至洛邑已矣。公功以進大天下咸敬樂公功。○樂音洛。

公無困哉。我惟無斁其康事。公勿替刑四方其世享。傳公必留。無去以困我哉。我惟無厭其安天下事。公勿去以廢法則。四方其世世享公之德。○斁音亦。厭於豔反。疏王曰公定至世享○正義曰。王又呼公。公留以安定我。我從公言。往至洛邑已矣。公功已進且大矣。天下皆樂公之功。敬而歡樂。公必留無去以困我哉。公留助我。我惟無厭其安天下之事。公勿去以廢法則。四方之民。其世世享公之德矣。○傳公留至公功○正義曰。讀文以公定爲句。王稱定者。言定已也。故傳言公留以安定我。我字傳加之。我從公言。是經之予也。往至洛邑已矣。言已順從公命受歸政也。公功已進大。天下咸敬樂公之功。亦謂居攝時也。釋詁云。肅進也。○傳公必至之德○正義曰。王言己才智淺短。公去則困。故請公無去以困我哉。我意欲置太平。惟無厭倦其安天下之事。是以留公。公勿去以廢治國之法則。天下四方之民。蒙公之恩。其世世享公之德。享。謂荷負之。

周公拜手稽首曰。王命予來。承保乃文祖受命民。傳拜而後言。許成王留。言王命我來承安汝文德之祖文王所受命之民。是所以不得去。**越乃光烈考**

武王弘朕恭。傳於汝大業之父武王。大使我恭奉其道。敘成王留已意。孺子來相宅其大惇典殷獻民。傳少子今所以來相宅於洛邑。其大厚行典常於殷賢人。亂爲四方新辟作周恭先。傳言當治理天下。新其政化。爲四方之新君。爲周家見恭敬之王。後世所推先也。曰其自時中乂萬邦咸休惟王有成績。傳曰。其當用是土中爲治。使萬國皆被美德。如此惟王乃有成功。予旦以多子越御事篤前人成烈答其師作周孚先。傳我旦以衆卿大夫於御治事之臣。厚率行先

王成業。當其衆心。爲周家立信者之所推先。疏周公至乎

先○正義曰。周公拜手稽首。盡禮致敬。許王之留。乃興而爲言曰。王今命我來居臣位。承安汝文德之祖文王所受命之民。今我繼文祖大業。我所以不得去也。又於汝大業父武王。大使我恭奉其道。王意以禮留我。其事甚大。我所以爲王留也。公呼成王云。少子。今所以來相宅於洛邑者。欲其大厚行常道於殷賢人。王當治理天下。新其政化。爲四方之新君。爲周家後世。見恭敬之王所推先也。重誨王曰。其當用是土中爲治。使萬國皆被美德。如此惟王乃有成功也。公自稱名曰。若王居洛邑。則我旦以多衆君子卿大夫等及於御治事之臣。厚率行前人先王成業。使當其衆心。爲周家後世人臣立信者之所推先。言我留輔王。使君臣皆爲後世所推先。期於上下俱顯也。○傳拜而至得去○正義曰。拜是從命之事。故云拜而後言。許成王留也。以退爲去。以留爲來。故言王命我來。來居臣位。爲太師也。承安汝文德之祖文王所受命

之民。天命文王。使爲民主。天以民命文王。故民是文王所受命之民。承安者。承文王之意安定此民。言王之留已乃爲祀事。其事既大。是所以不得去也。○傳於汝至已意○正義曰。於汝成王大功業之父武王。王意大使我恭奉其道。敘成王留已之意也。王於文王武王。皆欲令周公奉其道。安其民。其意一也。周公分言之耳。承安其文王之民。恭奉其武王之道。互相通也。○傳少子至賢人○正義曰。少子者。呼成王之辭。言我今所以來相宅於洛邑者。欲令王居洛。其大厚行典常於殷賢人。而據洛爲政。故言來訓典爲常。故連言典常。言其行常道也。周受於殷。故繼之於殷。人有賢性。故稱賢人。○傳言當至推先○正義曰。易稱日新之謂盛德。雖舊有美政。令王更復新之。言當治理天下。新其政化。爲四方之新君。與後人爲軌訓。爲周家見恭敬之王。後世所推先也。謂周家後世子孫。有德之王。被人恭敬推先王。戒成王使爲善政。令後王崇重之。○傳曰其至成功○正義曰。重以誨王。成其上事。故言曰以起之。○傳我旦至推先○正義曰。旦。是周公之名。故自稱我旦也。子者。有德之稱。大夫皆稱子。故以多子爲衆卿大夫。同欲令成王行善政。爲後世賢王所推先。公與羣臣盡誠節。爲後世賢臣所推先。故欲以衆卿大夫。及於御治事之臣。深厚率行先王之業。使當其人衆之心。爲周家後世賢臣立信者之所推先也。傳於此不言後世。從上省文也。於君言見恭敬。於臣言立信者。以君尊言人敬。臣卑言自立信。因其所宜以設文也。

考朕昭子刑乃單文祖德。伻來毖殷乃命寧。（傳）我所成明子法。乃盡文祖之德。謂典禮也。所以君土中。是文武使已來慎教殷民。乃見命而安之。○單音丹。馬丁但反。信也。

予以秬鬯二卣曰明禋拜手稽首休享。（傳）周公攝政七年致太平。以黑黍酒二器。明潔致敬。告文武以美享。既告而致政。成王留之。本說之。○秬音巨。鬯勑亮反，香酒也。卣。卣手反。又音由。中樽也。禋音因。**予不敢宿則禋于文王武王。**傳 言我見天下太平。則潔告文武。不經宿。**惠篤敍無有遘自疾萬年厭于乃德殷乃引考。**傳 汝爲政當順典常。厚行之使有次序。無有遇用患疾之道者。則天下萬年厭於汝德。殷乃長成爲周。○遘工豆反。厭於豔反。注同。馬云。厭飫也。徐於廉反。**王伻殷乃承敍萬年其永觀朕子懷德。**傳 王使殷民上下相承有次序。則萬年之道。民其長觀我子孫而歸其德矣。勉使終之。疏 考朕至懷德。○正義曰。周公又說制禮授王。使王奉之。我所成明子之法。乃盡是汝文祖之德。言用文王之道制禮。其事大不可輕也。又言所以須善治殷獻民者。文武使已來居土中。慎教殷民。乃是見命於文武而安之故也。制典當待太平。我以時既太平。即以秬鬯酒。盛於二卣鐏內。我言曰。當以此酒。須明潔致敬於文武。我則拜手稽首。告文武以美享。告云今太平。即速告廟。我不敢經宿。則禋告文王武王以致太平之事。汝王爲政。當順典常厚行之。使有次序。則諸爲政者。無云有遇用患疾之道。苦毒下民。則天下萬年厭飽於汝王之德。殷乃長成爲周。王使殷民上下相承有次序。則萬年之道。下民其長觀我子孫而歸其德矣。勸王使終之。皆是誨王之言也。○傳我所至安之○正義曰。典禮治國事資聖人。前聖後聖。其終一揆。故言所欲成明子之法。乃盡是汝祖文王之德也。予。斥成王。下句並告文武。兼用武王可知。又述居洛邑之意。所以居土中者。是文武使已來居此地。周公自非已意也。文武令我營此洛邑。欲使居土中。慎教殷民。乃是見命於文武而安殷民也。顧氏云。文武使我來慎教殷民。我今受文武之命以安民也○傳周公至說之○正義曰康誥之作事在七年云四方民大和會即太平之驗是周公攝政七年致太平也釋草云秬黑黍釋器云卣中罇也以黑黍爲酒煮鬱金之草築而和之使芬香調暢謂之秬鬯酒二器明潔致敬告文王武王以美享謂以太平之美事享祭也國語稱精意以享謂之禋釋詁云禋敬也是明禋爲明潔致敬也太平是王之美事故太平告廟是以美享祭也公既告太平而致政成王成王留之故本而說之此事者欲令成王重其事厚行之周禮鬱鬯之酒實之於彝此言在卣者詩大雅江漢及文侯之命皆言秬鬯一卣告於文人則未祭實之於卣祭時實之於彝彼一卣此二卣者此一告文王一告武王彼王賜臣使告其太祖故惟一卣耳此經卣下言曰者說本盛酒於罇乃爲此辭故言曰也○傳言我至經宿○正義曰此申述上明禋之事言我見天下太平則潔告文武不敢經宿示虔恭之意也此三月營洛邑民已和會則三月之時已太平矣既告而致政則告在歲末而云不經

宿者。蓋周公營洛邑。至冬始成。得還鎬京。即文武是爲不經宿也。且太平非一日之事。公云不經宿者。示虔恭之意耳。未必旦見太平。即此日告也。鄭玄以文祖爲明堂。曰明禮者。六典成祭於明堂。告五帝太皞之屬也。既告明堂。則復禮於文武之廟。告成洛邑。○傳汝爲至爲周○正義曰。釋言云。惠。順也。此經述上惇典。故言汝爲政當順典常厚行之。使有次序。釋詁云。遘。遇也。患疾之道。謂虐政使人患疾之。厚行典常。使有次序。則百官諸侯凡爲政者。皆無有遇用患疾之政。以害下民。則經歷萬年。厭飽於汝德。則殷國乃長成爲周。○傳王使至終之○正義曰。上言天下民。萬年厭飽王德。此教爲王德。使萬年令民厭飽王德也。能使殷民上下有次序。則王德堪至萬年之道。王之子孫。當行不怠。則民其長觀我子孫。知其有德而歸其德矣。此則長成爲周。勸勉王使終之。

戊辰王在新邑。傳成王既受周公誥。遂就居洛邑。以十二月戊辰晦到。○王在新邑。馬孔絕句。鄭

讀王在新邑烝

烝祭歲文王騂牛一武王騂牛一王命作冊逸祝冊惟告周公其後傳明月夏之仲冬始於新邑烝祭故曰烝祭歲古者褒德賞功必於祭日示不專也特加文武各牛告曰尊周公立其後爲魯侯

王賓殺禋咸格王入太室祼傳王賓異周公殺牲精意以享文武皆至其廟親告也太室清廟祼鬯告神○王賓絕句殺禋絕句一讀連咸格絕句太室馬云廟中之夾室祼官喚反

王命周公後作冊逸誥傳王爲冊書使史逸誥伯禽封命之書皆同在烝祭日周公拜前魯公拜後

在十有二月惟周公誕

保文武受命惟七年。傳言周公攝政盡此十二月。大安文武受命之事。惟七年。天下太平。自戊辰已下。史所終述。○受命絶句。馬同。惟七年。周公攝政七年。天下太平。馬同。鄭云。文王武王受命。及周公居攝。皆七年。疏戊辰至七年○正義曰。自此以下。史終述之。周公歸政。成王既受言誥之。王即東行赴洛邑。其年十二月晦戊辰日。王在新邑。後月是夏之仲冬。爲冬節烝祭。其月節是周之歲首。特異常祭。加文王騂牛一。武王騂牛一。王命有司作策書。乃使史官名逸者祝讀此策。惟告文武之神。言周公有功。宜立其後爲國君也。其時王尊異周公。以爲賓。殺牲享祭文王武王。皆親至其廟。王入廟之太室。行祼鬯之禮。言其尊異周公。而禮敬深也。於此祭時。王命周公後。令作策書。使逸讀此策辭。以告伯禽。言封之於魯。命爲周公後也。又摠述之。在十有二月。惟周公大安文武受命之事。於此時。惟攝政七年矣。○傳成王至晦到。○正義曰。周公告成王令居洛邑爲治。王既受周公之誥。遂東行就居洛邑。以十二月戊辰晦日到洛。指言戊辰王在新邑。知其晦日始到者。此歲入戊午蔀五十六年。三月云丙午朏。以算術計之。三月甲辰朔大。四月甲戌朔小。五月癸卯朔大。六月癸酉朔小。七月壬寅朔大。八月壬申朔小。九月辛丑朔大。又有閏九月辛未朔小。十月庚子朔大。十一月庚午朔小。十二月己亥朔大。計十二月三十日戊辰晦到洛也。○傳明月至魯侯○正義曰。下云在十有二月者。周之十二月。建亥之月也。戊辰是其晦日。故明日即是夏之仲冬。建子之月也。言明月者。此烝祭非朔日。故言月也。自作新邑已來。未嘗於此祭祀。此歲始於新邑烝祭。故曰烝祭歲也。周禮。大司馬。仲冬教大閱。遂以享烝。是也。王者冬祭必用仲月。此是周之歲首。故言歲耳。王既戊辰晦到。又須戒日致齊。不得以朔日即祭之。祭統云。古者明君。爵有德而祿有功。必賜爵祿於太廟。示不敢專也。故云古者褒德賞功。必於祭日。示不專也。因封之。特設祭烝之禮。宗廟用太牢。此

萬曆十五年刊

文武皆言牛一。知於太牢之外。特加一牛。告白文武之神。言爲尊周公。立其後爲魯侯。魯頌所云。王曰叔父。建爾元子。俾侯于魯。是此時也。王命作策者。命有司作策書也。讀策告神謂之祝。逸祝策者。使史逸讀策書也。鄭玄以烝祭上屬。歲文王騂牛一者。於是成王元年。正月朔日。特告文武封周公也。案周頌烈文序云。成王卽政。諸侯助祭。鄭箋云。新王卽政。必以朝享之禮祭於祖考。告嗣位也。則鄭意以朝享之後。特以二牛告文武。封周公之後。與孔義不同。○傳王賓至告神○正義曰。王賓異周公者。王尊周公爲賓。異於其臣。王肅云。成王尊周公。不敢臣之。以爲賓。故封其子是也。周語云。精意以享謂之禋。旣殺二牲。精誠其意以享祭文武。咸。皆也。格。至也。皆至其廟。言王重其事。親告之也。太室。室之大者。故爲清廟。廟有五室。中央曰太室。王肅云太室。清廟中央之室。清廟。神之所在。故王入太室祼獻鬯酒以告神也。祼者。灌也。王以圭瓚酌鬱鬯之酒。以獻尸。尸受祭而灌於地。因奠不飲謂之祼。郊特牲云。旣灌然後迎牲。則殺在祼後。

此經先言殺後言祼者殺者咸格表王敬公之意非行事之次也其王入太室祼乃是祭時行事耳周人尚臭祭禮以祼爲重故言王祼其封伯禽乃是祭之將末非祼時也祭統賜臣爵祿之法示祭之日一獻君降立于阼階之南南嚮所命者北面史由君右執策命之鄭云一獻一酳尸也禮酳尸尸獻而祭畢是祭末乃命之以祼爲重故特言之○傳王爲至拜後○正義曰王爲策書亦命有司爲之也上云作策作告神之策此言作策誥伯禽之策祭於神謂之祝於人謂之誥故云使史逸誥伯禽封命之書封康叔謂之康誥此命伯禽當云伯禽之誥定四年左傳云命以伯禽即史逸所讀之策也上言逸祝策此誥下不言策者祝是讀書之名故上云祝策此誥是誥伯禽使知雖復讀書以誥之不得言誥策也上告周公其後已言告神封周公嫌此逸誥以他日告之故云皆同在烝祭日以祭統言一獻命之知此亦祭日也文十三年公羊傳曰封魯公以爲周公也周公拜乎前魯公拜乎後曰生以養周公死以爲周公主○傳言

周至終述○正義曰。自戊辰已上。周公與成王相對語。未有致政年月。故安於此揔結之。自戊辰已下。非是王與周公之辭。故辨之云史所終述也。

尚書註疏卷第十五

尚書注疏彙校卷十五

召誥第十四

一葉七行注　武王克商。　「武」，纂作「成」。「商」，八作「啇」，魏、十、永作「商」。

一葉八行注　故成王居焉。　○山井鼎《考文》：成王居焉。〔古本〕下有「也」字。「遂以陳戒」下、「以作誥」下、「七年二月」下、「二十一日」下並同。

一葉九行釋文　召。時照反。　「時」，十、永、阮作「詩」。

一葉九行釋文　相。息亮反。下注同。　「相」下平有「宅上」二字。「反」下魏有「及」字。「下注」，王作「注下」。

一葉十行疏　「成王至召誥○正義曰」至「以見周公自後往也」。　○浦鏜《正字》：召詔。疏「成王」至「往也」三百三十五字當在上序下。○盧文弨《拾補》：成王至召誥。自此起至「以見周公自後往也」止，當在序之下。○疏「成王至召誥○正義曰」至「以見周公自後往也」，定本在經文「作召誥」下。《定本校記》：召誥。此經傳〔足利〕八行本在「作召誥」下，今從殿本、浦氏。

一葉十三行疏　桓二年左傳云。　「二」，永作「三」。

一葉十三行疏　遷九鼎于洛邑。　「于」，庫作「於」。

一葉十六行疏　然鼎之上。　○阮元《校記甲》：然鼎之上。按：「鼎」上疑有「一」字。阮元《校記乙》同。○《定本校記》：然鼎之上。阮氏云：「鼎」上疑脱「一」字。

一葉十七行疏　備載九州山川異物。　「川」，阮作「河」。

一葉十七行疏　未知孰是。　「孰」，八作「熟」。

一葉十八行疏　於經意不盡。　「不」，魏作「未」。「盡」，十、永作「尽」。

一葉十八行疏　及其經營大作。遂以陳戒。　○浦鏜《正字》：及其經營大作，遂以陳戒。「及」，監本誤「反」。

一葉十八行疏　史録陳戒爲篇。　「爲」上魏無「史録陳戒」四字。

二葉三行疏　使王即政。　「使」，單作「使」。

二葉六行經　惟二月既朢。　○盧文弨《拾補》：惟二月既朢。「朢」，當作「望」。凡「朔望」俱從此。

二葉六行注　周公攝政七年。二月十五日。　○盧文弨《拾補》：周公攝政七年二月。「月」下古本有「也」字。

二葉七行注　因紀之。　○《定本校記》：因紀之。「因」下内野本、神宮本有「以」字。

二葉七行經　則至于豐。　○盧文弨《拾補》：則至于豐。「則」，石經作「即」。

二葉八行注　從鎬京則至于豐。　「于」，毛作「於」。「豐」，十、永作「豊」。

二葉九行注　以遷都之事。至文王廟告文王。　「至」，八、李、王、纂、魏、平、岳、永、阮作「告」。○山井鼎《考文》：至文王廟。〔古本〕「至」作「告」，宋板同。〔古本〕「廟」下有「也」字。○岳本《考證》：以遷都之事告文王廟。案：殿本「告」作「至」。句讀亦與此互異。○盧文弨《拾補》：以遷都之事，告文王廟。毛本「告」作「至」。「至」當作「告」。○阮元《校記甲》：以遷都之事，至文王廟。「至」，古、岳、宋板、十行、纂傳俱作「告」，與疏合。許宗彦曰：曲禮正義引亦作「告」。○阮元《校記乙》：以遷都之事告文王廟。古、岳本、宋板、纂傳同。毛本「告」作「至」，非也。作「告」，正與疏合。許宗彦曰：曲禮正義引亦作「告」。

二葉九行注　則告武王可知。　「武」上纂無「告」字。

二葉十行注　以祖見考。　○山井鼎《考文》：「以祖見考」下、「周公後往」下、「明生之名」下、「三月五日」下、「相卜所居」下、「位處」下、「由來」下，〔古本〕共有「也」字。下註「至於洛汭」下、「言周徧」下、「社稷共牢」下、「七日甲子」下、「言勸事」下、「顯周公」下、「周公之事」下並同。

二葉十行釋文　見。賢遍反。　「賢」，十作「賢」。

二葉十二行釋文　先息薦反。　「先」下平有「周公上」三字。「息」，纂、魏、平、殿、庫作「悉」。○物觀《補遺》：先，息薦反。〔經典釋文〕「息」作「悉」。○阮元《校記甲》：先周公，上悉薦反。「悉」，十行本、毛本俱作「息」。

二葉十二行經　三月惟丙午朏。　○殿本《考證》：三月惟丙午朏。漢書律曆志引此作「惟三月丙午朏」。○岳本《考證》：三月惟丙午朏。漢書引此，「惟」字在「三月」之上。

二葉十四行注　於朏三日。三月五日。　○盧文弨《拾補》：於朏三日，三月五日。「五日」下，古本有「也」字。

二葉十四行注　召公早朝至於洛邑。　「於」，纂作「于」。

二葉十五行釋文　朏。芳尾反。又普没反。徐又芳憒反。　「憒」，王、纂、魏、平、十、永、閩、毛作「𧷤」。○山井鼎《考文》：朏，徐又芳𧷤反。經典釋文「𧷤」作「憒」。○浦鏜《正字》：朏，徐又芳憒切。「憒」，毛本誤「𧷤」。○阮元《校記甲》：朏，徐又芳憒反。「憒」，葉本、十行本、毛本俱作「𧷤」字。按：「憒」是，「𧷤」非。

二葉十六行釋文　度。待洛反。「度」上平有「規」字。「待」，十作「持」，閩作「持」。

二葉十七行釋文　處。昌慮反。「處」上平有「位」字。

二葉十七行經　越三日庚戌。「戌」，八、王、纂、平、十、永、閩作「戍」，李、魏作「戉」。

二葉十七行經　太保乃以庶殷。攻位于洛汭。〇阮元《校記甲》：太保乃以庶殷，攻位于洛汭。顧炎武曰：「攻」，石經誤作「公」。按：今石經作「攻」，顧説非也。阮元《校記乙》同。

二葉十八行注　於戊申三日庚戌。「戌」，八、王、纂、平、永、閩作「戍」，李、魏作「戉」，十作「戍」。

三葉一行注　於庚戌五日。「戌」，八、王、纂、平、永作「戍」，李、魏作「戉」。

三葉二行注　本其所由來。「由」，李、纂作「自」。

三葉三行疏　其日爲庚寅。「日」，八作「目」。

三葉四行疏　則至于豐。「豐」，十、永作「豊」。

三葉五行疏　相視所居之處。「居」，單作「居」。

三葉七行疏　於戊申三日庚戌。「戌」，單、八、平、永、閩作「戍」，魏作「戉」。

三葉八行疏　於庚戌五日爲三月十一日甲寅。「戌」，單、八、平、十、永、閩作「戍」，魏作「戉」。

三葉十一行疏　月當日衝。光照月光圓滿。「光」上單、八、魏、平有「日」字。○山井鼎《考文》：光照月光。宋板「光」上有「日」字。○盧文弨《拾補》：月當日衝，日光照月光圓滿。「衝」下毛本脱「日」字。○阮元《校記甲》：月當日衝光照。「光」上宋板有「日」字。按：宋本是也。阮元《校記乙》同。○《定本校記》：日光照月光圓滿。「月」字疑當重。

三葉十一行疏　故名望也。「名」，阮作「稱」。

三葉十一行疏　必先正望朔。○阮元《校記甲》：必先正望朔。「望朔」二字，纂傳倒，是也。阮元《校記乙》同。

三葉十二行疏　猶今人將言日。「猶」，永作「尤」。

三葉十二行疏　大率十六日者。「大」，十、永、閩、阮作「太」。

三葉十三行疏　四分之一耳。「一」上永無「之」字。

三葉十三行疏　孔云十五日即爲望。「爲」，十作「是」。

三葉十四行疏　謂庚寅十六日也。「庚」，永作「夷」。

三葉十四行疏　又筭術。「筭」，單、八、毛、殿作「算」，庫作「筫」。

三葉十七行疏　爲天下所宗止。「止」，單作「𣥂」。

三葉十七行疏　文王居豐。　「豐」，十、永作「豊」。

三葉十八行疏　於豐立文王之廟。　「豐」，十、永作「豊」。

三葉十八行疏　故成王居鎬京則至于豐。　「于」，庫作「於」。「豐」，十、永作「豊」。

四葉一行疏　則告武王可知。　「王」，毛作「五」。

四葉一行疏　此必於豐告文王。　「豐」，十、永作「豊」。

四葉二行疏　故爲明也。　「明」，平作「朏」。

四葉二行疏　周書月令云。三日粤朏。　〇殿本《考證》：周書月令云三日粤朏。臣照按：王應麟曰：律曆志引「古文月采篇曰三日曰朏」。顔注曰：「説月之光采。」愚以書正義考之，「采」字疑當作「令」。今按：「令」字無義，此當從律曆志改，不當據此改律曆志也。

四葉三行疏　二月乙未而發豐。　「豐」，十、永作「豊」。

四葉四行疏　歷三月丙午朏。　「午」，永作「干」。

四葉四行疏　凡發豐至洛爲十四日也。　「豐」，十、永作「豊」。

四葉四行疏　召公早朝至于洛邑。　「于」，庫、阮作「於」。

四葉四行疏　當以至洛之日即卜也。　「當」，永作「富」。

四葉五行疏　其巳至位處。　「處」下平有「朏」字。

四葉五行疏　正義曰。經營考工記所云。「營」下單、八、魏、平、毛、殿、庫有「者」字。○浦鏜《正字》：經營者考工記所云。監、閩本無「者」字。○盧文弨《拾補》：經營者考工記所云。「者」，元本、監本、閩本俱無。毛本有，是。○阮元《校記甲》：正義曰經營者。十行、閩、監俱無「者」字。

四葉六行疏　如典命文。「典」，永作「興」。

四葉七行疏　孔無明解。「解」，閩作「觧」。

四葉十行疏　其一在路門内路寢之朝。「寢」，閩作「寑」。

四葉十行疏　退適路寢。「寢」，閩作「寑」。

四葉十一行疏　朝爲陽故在南。「南」，十作「南」。

四葉十一行疏　今案周禮内宰職佐后立市。「佐」，永作「佐」。

四葉十二行疏　正義曰。於戊申後三日庚戌。「戌」，十作「戌」。「戌」，單、八、魏、平、十、永、閩作「戌」。

四葉十三行疏　蓋以人南面望水。「面」，庫作「而」。

四葉十三行疏　故洛汭爲洛水之北。「北」，魏作「北」。

四葉十四行疏　今於漢河南城是也。　「南」，閩作「南」。

四葉十五行疏　凡土功。　「土」，平作「士」。

四葉十五行疏　水昏正而栽。　「栽」，閩作「裁」。

四葉十七行注　而朝至於洛汭。　「於」，王、纂、岳作「于」。○《定本校記》：而朝至於洛汭。九條本、内野本、神宮本、足利本無「於」字。

五葉一行經　越三日丁巳。　「越」，永作「越」。

五葉二行注　后稷貶於天。○《定本校記》：后稷貶於天。九條本、内野本、神宮本無「后」字。

五葉三行注　羊豕不見可知。○《定本校記》：羊豕不見可知。「知」下九條本、内野本、神宮本有「故」字，清原宣賢手鈔本引家本亦有。

五葉四行注　共工氏子曰句龍。　「共」，殿作「井」。○《薈要》案語：共工氏子曰句龍。刊本「共」訛「井」，今改。

五葉五行注　能平水土。○《定本校記》：能平水土。「水」，九條本、内野本、神宮本作「九」。

五葉五行注　周祀后稷。　「祀」，八、李、王、纂、魏、平、岳、毛作「祖」。○阮元《校記甲》：周祖后稷。「祖」，葛本、十行、閩、監俱誤作「祀」。○阮元《校記乙》：周祀后稷。葛本、閩本、明監本同。案：皆誤也。「祀」當作「祖」。

五葉六行釋文　句。故侯反。　「故」，魏作「古」。

五葉八行注　以賦功屬役書。　十「屬」作「蜀」，「書」作「書」。

五葉八行注　命衆殷侯甸男服之邦伯。使就功。　○浦鏜《正字》：命衆殷侯甸男服之邦伯，使就功。監本「殷」誤「股」，「甸」誤「旬」。○阮元《校記甲》：命衆殷侯甸男服之邦伯。「衆殷侯甸」，監本誤作「衆股侯甸」。

五葉九行注　即州牧也。　「也」下王有釋文「屬音燭」三字，纂有釋文「屬音烛」三字，魏有釋文「屬音燭」三字，平、殿、庫有釋文「屬音燭」三字。○山井鼎《考文》：補脱屬音燭〔據經典釋文〕。謹按當在註「賦功屬役」下。○《定本校記》：即州牧也。九條本、内野本、神宮本無「即」字。

五葉十一行經　太保乃以庶邦冢君。出取幣。　「太」，阮作「大」。○《定本校記》：太保乃以庶邦冢君，出取幣。「邦」，九條本、内野本、神宮本作「殷」。

五葉十三行釋文　復。扶又反。　「復」上平有「乃」字。「扶」上王有「音」字。「反」，十、永、阮作「云」。○張鈞衡《校記》：復，扶又反。阮本「反」作「云」，誤。

五葉十三行經　錫周公曰。拜手稽首。　○山井鼎《考文》：錫周公曰，拜手稽首。〔古本〕「拜」上有「教」字。[謹按]古本「敢」字作「教」，説見于古文考。○盧文弨《拾補》：錫周公曰，拜手稽首。「曰」下古本有「教」字。考文以爲古「敢」字。案：正義似亦有。○阮元《校記甲》：錫周公曰，拜手稽首。「拜」上古本有「教」字。按：「教」字依孔傳增也。阮元《校記乙》同。○《定本校記》：拜手稽首。「拜」上内野本、神宮本、足利本有「敢」字，清原宣賢手鈔本引家本亦有。

五葉十四行經　旅王若公。　「王」，永作「玉」。

五葉十四行注　稱成王命賜周公曰。　「賜」，阮作「錫」。

五葉十八行疏　用太牢牛一。　「太」，魏、十、永、閩作「大」。

五葉十八行疏　於戊午七日甲子。　「七」，魏、平作「十」。

六葉一行疏　衆殷皆歡樂勸事而大作矣。　「歡」，單、八、永、閩作「勸」，平作「勸」，魏、十作「勤」，阮作「勤」。「勸」，單、阮作「勤」，八、平、永作「勤」。○山井鼎《考文》：衆殷皆歡樂勸事。〔宋板〕「歡」作「勤」。○盧文弨《拾補》：衆殷皆歡樂勤事。毛本「勤」作「勸」。「勸」當作「勤」。○阮元《校記甲》：衆殷皆歡樂勸事。宋板「勸」作「勤」。十行「歡」、「勤」

俱作「勤」。閩本「歡」字亦作「勸」。○阮元《校記乙》：衆殷皆勤樂勤事。宋板「勤樂」作「歡樂」。閩本「勤」並作「勸」。毛本上「勤」改「歡」，下「勤」改「勸」。案：所改是也。○張鈞衡《校記》：衆皆勸樂勤事。阮本「勸」作「勤」。

六葉二行疏　稱成王命以賜周公曰。「稱」，十、永作「称」。「賜」，阮作「錫」。○張鈞衡《校記》：以賜周公。阮本「賜」作「錫」。

六葉三行疏　周公以順位成之明日而朝至。「位」，十、永、阮作「立」。○阮元《校記甲》：周公以順位成之明日而朝至。「位」，十行本誤作「立」。○阮元《校記乙》：周公以順立成之明日而朝至。毛本「立」作「位」，是也。

六葉三行疏　則是三月十二日也。「二」，十、阮作「三」。○阮元《校記甲》：則是三月十二日也。「二」，十行本誤作「三」。○阮元《校記乙》：則是三月十三日也。毛本「十三」作「十二」，是也。

六葉四行疏　主於相宅無事也。「主」，單、八、魏、平、十、永、閩、毛、殿、庫、阮作「王」。

六葉五行疏　○傳於乙至可知○正義曰。知此用牲。「知此」上「○傳於乙至可知○正義曰」，殿、庫作「于乙卯。三日用牲」七字。

六葉七行疏　養牲必養二。　「必」，毛誤「以」。○盧文弨《拾補》：養牲必養二。毛本「必」作「以」。「以」當作「必」。○阮元《校記甲》：養牲以養二。「以」，十行、閩、監俱作「必」。

六葉八行疏　是帝稷各用一牛。　「一牛」，單、八作「牛一」。○山井鼎《考文》：各用一牛。〔宋板〕「一牛」作「牛一」。○盧文弨《拾補》：是帝稷各用牛一。「牛一」，毛本倒，依宋本乙。○阮元《校記甲》：是帝稷各用一牛。「一牛」二字宋板倒。阮元《校記乙》同。

六葉八行疏　祭天明用犢。　○《定本校記》：祭天明用犢。「明」字疑衍。

六葉九行疏　稷是人神。祭用太牢。　「人」，毛作「天」。○物觀《補遺》：稷是天神。宋板「天」作「人」。○浦鏜《正字》：稷是人神祭用太牢。「人神」，毛本誤「天神」。○盧文弨《拾補》：稷是人神。毛本「人」作「天」。「天」當作「人」。○阮元《校記甲》：稷是天神。「天」，宋板、十行、閩、監俱作「人」。按：作「天」，非也。

六葉十行疏　以太牢祠于高禖。　「于」，庫作「於」。

六葉十二行疏　句龍能平水土。祀之以爲社。　「祀」下單、八、魏、平無「之」字。○山井鼎《考文》：祀之以爲社。〔宋板〕無「之」字。○盧文弨《拾補》：句龍能平水土，祀以爲社。「祀」下毛本有「之」字，衍。宋本無。○阮元《校記甲》：祀之以爲社。宋板無「之」字。

六葉十三行疏　左氏説社稷。惟祭句龍。后稷人神而已。　「惟」下單、八無「祭」字。○山井鼎《考文》：左氏説社稷，惟祭句龍后稷。〔宋板〕無「祭」字。○盧文弨《拾補》：左氏説社稷，唯句龍，后稷人神而已。「唯」下毛本衍「祭」字，宋本無。○阮元《校記甲》：社稷惟祭句龍。宋板無「祭」字。

六葉十四行疏　類于上帝。　「帝」，單作「帝」。

六葉十四行疏　故以后土爲社也。　「土」，十作「士」。

六葉十五行疏　小劉云。　「劉」，十、永作「刘」。

六葉十五行疏　后土與皇天相對。　「天」上永無「皇」字。

六葉十五行疏　社亦名后土。　「名」，十作「各」。

六葉十六行疏　社稷太牢。　「太」，平作「大」。

六葉十六行疏　二神共言太牢。　「太」，平作「大」。

六葉十七行疏　此言社于新邑。　「新」，毛作「薪」。○浦鏜《正字》：此言社于新邑。「新」，毛本誤從艸。○盧文弨《拾補》：此言社于新邑。毛本「新」作「薪」。「薪」當作「新」。○阮元《校記甲》：此言社于薪邑。「薪」，十行、閩、監俱作「新」，是也。

六葉十七行疏　上句不言郊於新邑。「於」，庫作「于」。

六葉十八行疏　王在新邑烝祭。「烝」，庫作「蒸」。

六葉十八行疏　王入太室祼。「祼」，毛作「裸」。○盧文弨《拾補》：王入太室祼。「祼」，毛本從衣作「裸」，誤。

七葉一行疏　康誥云。「誥」，平作「詰」。

七葉一行疏　周公初基作新大邑于東國洛。「洛」，十作「各」。

七葉二行疏　故周公乃昧爽。「昧」，單作「昩」。

七葉三行疏　命衆殷在侯甸男服之邦伯。「伯」，十作「白」。

七葉四行疏　屬役賦丈。「丈」，單、八、魏、十、永、閩、庫、阮作「文」。

七葉四行疏　賦功。謂賦斂諸侯之功。魏、平、十、永、閩、阮「賦功」作「賦斂」，「賦斂」作「賦功」。○阮元《校記甲》：賦功，謂賦斂諸侯之功。「賦功謂賦斂」，十行、閩本俱作「賦斂謂賦功」。○阮元《校記乙》：賦斂謂賦功諸侯之功。毛本「賦」下「斂」、「功」二字互易。

七葉五行疏　使知得地之尺丈也。「丈」，平作「文」。

七葉五行疏　王制云。「王」，魏作「主」。

七葉六行疏　千里之外。設方伯。即州牧也。「即」上單、八、魏、平復有「方伯」二字。○

山井鼎《考文》：設方伯，即州牧也。〔宋板〕「即」上復有「方伯」二字。○盧文弨《拾補》：王制云：千里之外設方伯。方伯，即州牧也。毛本不重「方伯」二字。宋本重，是。○阮元《校記甲》：千里之外，設方伯，即州牧也。「即」上宋板復有「方伯」二字。按：宋本是也。阮元《校記乙》同。

七葉六行疏　㊫諸侯至周公○正義曰。上云。　「上云」上「㊫諸侯至周公○正義曰」，殿、庫作「云已命殷衆者」。

七葉七行疏　庶殷既巳大作。　「巳」，單、八作「以」。○山井鼎《考文》：庶殷既巳大作。〔宋板〕「巳」作「以」。○阮元《校記甲》：庶殷既巳大作。「巳」，宋板作「以」。按：「巳」、「以」古多通用。

七葉七行疏　諸侯公卿乃並覲君王。　「君」，單、八、魏、平、毛作「於」。○浦鏜《正字》：諸侯公卿乃並覲於王。「於」，監本誤「君」。○阮元《校記甲》：乃並覲於王。「於」，十行、閩、監俱誤作「君」。

七葉九行疏　而經文不見王至。　「王」，閩作「五」。

七葉九行疏　自此以上。　「以」，單、八、魏、平、十、永、阮作「巳」。

七葉十二行疏　及寶玉大弓。　「玉」，十作「王」。

七葉十三行疏　太保以庶邦冢君出取幣者。　「太」，魏、永作「大」。

七葉十四行疏　下言召公不得賜周公。　○《定本校記》：下言召公不得賜周公。「下言」二字疑譌。

七葉十六行疏　欲尊王而顯周公。　「王」，永作「土」，

七葉十七行疏　有反政之期而欲顯之。　「顯」，十作「顕」。

七葉十七行疏　爲戒成王。賜周公是也。　「賜」，單、八、魏、平、十、永、阮作「錫」。○阮元《校記甲》：爲戒成王賜周公。「賜」，十行本作「錫」。

八葉二行注　諸侯在。故託焉。　○山井鼎《考文》：故託焉。〔古本〕「焉」作「之」。○盧文弨《拾補》：諸侯在，故託焉。「焉」，古本作「之」。○阮元《校記甲》：故託焉。「焉」，古本作「之」。

八葉四行注　歎皇天改其大子。　「大」，八、李、王、纂、魏、岳作「太」，十、閩作「天」。○阮元《校記甲》：歎皇天改其大子。「大」，岳本、纂傳改作「太」，下同。葛本此句誤作「天」，下亦作「太」。閩、監此亦誤作「天」，下作「大」。毛氏曰：「『改厥元子』注：『皇天改其大子，言紂雖爲天所大子，無道猶改之。』正義曰：『釋詁：元，首也。首，是體之大，故傳言大子。』今監

本作「太子」，而顧命注「將正大子之尊」，猶作小大之「大」，則知作「太」者，傳寫誤爾。興國及建本皆作「太」，誤。阮元《校記乙》同。

八葉四行注　言紂雖爲天所大子。　「雖」，李作「錐」。「大」，八、李、王、纂、魏、岳作「太」。○阮元《校記甲》：言紂雖爲天所大子。按：下文「元子哉」傳云：大爲天所子。與此不同，疑皆有誤。疏亦無所發明。阮元《校記乙》同。

八葉四行注　無道猶改之。　「猶」，十、永、閩作「尤」，阮作「九」。○阮元《校記甲》：無道猶改之。「猶」，十行、閩、葛俱誤作「尤」。○阮元《校記乙》：無道尤改之。毛本「九」作「猶」，是也。閩本、葛本並誤。下同。

八葉五行注　言不可不慎。　○山井鼎《考文》：「不可不慎」下、「所以戒成王」下，〔古本〕共有「也」字。○《定本校記》：言不可不慎。九條本無「言」字。

八葉五行經　無疆惟休。　○山井鼎《考文》：無疆惟休。〔古本〕「無」作「亡」。下皆放此。

八葉七行經　曷其柰何弗敬。　「曷」，平作「曷」。○盧文弨《拾補》：曷其柰何弗敬。「柰」，毛本從大，譌。

八葉八行疏　召公所陳戒王宜順周公之事云。　「戒」，殿、庫作「形」。

八葉九行疏　諸侯皆在。故以爲言也。　「故」，單、八、魏、平、永作「託」。○山井鼎《考文》：故以爲言也。〔宋板〕「故」作「託」。○盧文弨《拾補》：諸侯皆在，故以爲言也。「故」，宋本作「託」。案：「故」、「託」二字皆當有。○阮元《校記甲》：故以爲言也。「故」，宋板作「託」，是也。阮元《校記乙》同。○張鈞衡《校記》：託以爲言也。阮本「託」作「故」。

八葉十行疏　改去其大子所受者。　「大」，單、八、魏、平、十、永、閩作「太」。○阮元《校記甲》：改去其大子。「大」，十行、閩本俱作「太」。下同。

八葉十行疏　惟王受得此命。　「得」，魏、平作「德」。

八葉十三行疏　故皇天后土。　「土」，永作「士」。

八葉十三行疏　改其大子。　「大」，單、八、魏、十、閩作「太」。

八葉十四行疏　言紂雖爲天所大子。　「大」，單、八、魏、十、閩作「太」。

八葉十四行疏　無道猶改之。　「猶」，十作「尤」，永、閩作「尢」，阮作「九」。○阮元《校記甲》：無道猶改之。「猶」，十行、閩本俱誤作「尤」。下同。

八葉十四行疏　故言天子雖大猶改之。　「猶」，十、永、閩作「尤」，阮作「九」。

八葉十五行疏　故傳言大子。　「大」，單、八、魏、十、永、閩作「太」。

八葉十八行經　越厥後王後民。　十「越」作「越」，「王」作「玉」。

九葉一行注　繼世君臣。　「臣」，阮作「自」。○張鈞衡《校記》：繼世君臣。阮本「臣」作「自」，誤。

九葉一行注　此服其命。言不忝。　「此」，纂作「比」。「忝」，纂作「恭」，毛作「泰」。○山井鼎《考文》：此服其命言不泰。〔正誤〕「泰」當作「忝」。○浦鏜《正字》：此服其命，言不忝。「忝」，毛本誤「泰」。○盧文弨《拾補》：此服其命，言不忝。毛本「忝」作「泰」。「泰」當作「忝」。○阮元《校記甲》：言不泰。「泰」，岳、葛、十行、閩、監、纂傳俱作「忝」。按：「泰」字誤。

九葉二行注　瘝病者在位。　○《定本校記》：瘝病者在位。九條本、内野本、神宮本無「位」字，清原宣賢手鈔本引家本亦無。

九葉三行注　言無良臣。　○山井鼎《考文》：言無良臣。〔古本〕下有「者也」二字。○阮元《校記甲》：言無良臣。古本下有「者也」二字。

九葉三行釋文　瘝。工頑反。　「頑」，纂作「顔」。

九葉四行注　夫ˇ知保抱其子。　○山井鼎《考文》：夫知保抱其子。〔古本〕「夫」下復有「夫」字。○盧文弨《拾補》：夫夫知保抱其子。「夫夫」，古本重，毛本不重。當重。○阮元《校記甲》：夫知保抱其子。古本重「夫」字。○《定本校記》：夫知保抱其子。九條本、內野本、神宮本、足利本重「夫」字。

九葉六行注　無地自容。ˇ所以窮ˇ。　○山井鼎《考文》：無地自容，所以窮。〔古本〕作「無地自容，則所以窮也」。○盧文弨《拾補》：無地自容，所以竆。古本「容」下有「則」字，「竆」下有「也」字。○阮元《校記甲》：所以竆。古本作「則所以竆也」。○《定本校記》：所以窮。「所」上內野本、神宮本、足利本有「則」字，清原宣賢手鈔本引家本亦有。

九葉六行釋文　夫△知。並如字。　「夫」，閩作「天」。

九葉八行注　命用勉敬者爲民主ˇ。　○山井鼎《考文》：爲民主。〔古本〕下有「也」字。下註「次復觀有殷」下、「亦如禹」下、「墜其王命」下、「言至善」下並同。

九葉十行疏　謂繼△世之君。　「世」上永無「繼」字。

九葉十行疏　及△其時△之人。　「及」，單、八作「乃」。「時」，十作「時」。○山井鼎《考文》：及其時之人。〔宋板〕「及」作「乃」。○阮元《校記甲》：謂繼世之君及其時之人。「及」，宋板作「乃」。阮元《校記乙》同。

九葉十一行疏　言其時無良臣。「良」，十作「艮」。

九葉十二行疏　出見執殺。「殺」，庫作「政」。

九葉十二行疏　言無地自容以困窮也。「困窮」，單、八作「窮困」。○物觀《補遺》：以困窮也。〔宋板〕「困窮」作「窮困」。○盧文弨《拾補》：言無地自容以困窮也。「困窮」，宋本倒。○阮元《校記甲》：以困窮也。「困窮」二字宋板倒。

九葉十四行疏　言其去而不復反也。「反」，毛作「返」。○阮元《校記甲》：言其去而不復返也。「返」，十行、閩、監俱作「反」。

九葉十四行疏　而不能救紂者。「紂」，十作「約」。

九葉十五行疏　謂智王之後紂巳前。「巳」，殿、庫作「以」。

九葉十六行疏　其終至良臣　「終」，毛作「忠」。○阮元《校記甲》：傳其忠至良臣。「忠」，十行、閩、監俱作「終」，與注合。

九葉十七行疏　鄭王皆以瘝爲病。「王」，單作「玉」。

九葉十八行疏　殘暴在下。○阮元《校記甲》：殘暴在下。「在下」，纂傳作「其民」。阮元《校記乙》同。

九葉十八行疏　傳言困至以窮○正義曰。言困於虐政。　「言困」上「傳言困至以窮○正義曰」，殿、庫作「夫知保抱攜持者」。

九葉十八行疏　夫。猶人人。　「猶」，十作「尤」，阮作「九」。○阮元《校記甲》：夫猶人人。「猶」，十行本誤作「尤」。○阮元《校記乙》：夫九人人。毛本「九」作「猶」，是也。○張鈞衡《校記》：夫猶人人，言天下盡然也。阮本「猶」作「尤」，誤。

十葉一行疏　匹夫知欲安其室。　「匹」，十作「四」。

十葉二行經　王其疾敬德。　○《定本校記》：王其疾敬德。九條本、内野本、神宮本無「德」字。

十葉二行注　言王當疾行敬德。　○《定本校記》：言王當疾行敬德。九條本、内野本、神宮本無「王」字。

十葉三行注　以爲法戒之。　○《定本校記》：以爲法戒。九條本、内野本、神宮本如此。各本「戒」下有「之」字，與疏不合。

十葉三行經　天迪從子保。面稽天若。　○山井鼎《考文》：天迪從子保，面稽天若。〔古本〕「面」上有「禽」字。謹按　古文「禹」字。○盧文弨《拾補》：天迪從子保，面稽天若。「保」下古本有「禽」字，當本作「帇」，古文「禹」字。○阮元《校記甲》：面稽天若。「面」上古本有「禽」字。按：「禽」乃「㝒」字之譌，即古文「禹」字也，與傳合。阮元《校記乙》同。○《定本校記》：面稽天若。「面」上内野本、神宫本、足利本有「禹」字，清原宣賢手鈔本引家本亦有。

十葉四行注　禹亦面考天心而順之。　○《定本校記》：禹亦面考天心而順之。九條本、内野本、神宫本無「面」字。

十葉六行注　次復觀有殷。　○《定本校記》：次復觀有殷。「觀」，九條本作「視」。

十葉六行經　面稽天若。　「天」，纂作「夭」。

十葉八行注　言成王少，嗣位治政。　○物觀《補遺》：成王少。〔古本〕下有「也」字。○阮元《校記甲》：童子言成王少。古本下有「也」字。

十葉九行注　無遺棄老成人之言。　○《定本校記》：無遺棄老成人之言。九條本、内野本、神宫本無「之言」二字，清原宣賢手鈔本引家本亦無。

十葉九行注　欲其法之。　「法之」下王、纂、魏、平、殿、庫有釋文「少，詩照反」四字。

十葉十一行注　況曰其有能考謀從天道乎。　「其」下八無「有」字。○《定本校記》：況曰其有能考謀從天道乎。〔足利〕八行本脱「有」字。

十葉十二行疏　故戒王言其疾行敬德。　「王」，單作「主」。

十葉十四行疏　巳隧失其王命矣。　「隧」，單作「墜」。

十葉十五行疏　巳隧失其王命矣。　「隧」，單作「墜」。

十葉十六行疏　則無遺棄壽考成人。　「考」，魏作「耇」。

十葉十七行疏　以從順天道乎。　「從順」，阮作「順從」。

十一葉一行疏　猶迴向也。　「猶」，十、永作「尤」，阮作「尢」。「向」，十作「何」。

十一葉二行疏　(傳)言天至如禹○正義曰。此説二代興亡。　「此説」上「(傳)言天至如禹○正義曰」，殿、庫作「天迪格保者」。

十一葉五行疏　此時王未蒞政。　「未」，阮作「末」。「蒞」，八、永作「莅」。○盧文弨《拾補》：此時王未莅政。毛本「莅」作「蒞」。「蒞」當作「莅」。○張鈞衡《校記》：此時王未莅政。阮本「未」作「末」，誤。

十一葉五行疏　耇。是老稱。　「耇」，十、永作「苟」。

十一葉八行注　而大爲天所子。　「大」，纂作「人」。

十一葉八行注　其大能和於小民。　○山井鼎《考文》：和於小民。〔古本〕「於」作「于」。

十一葉九行釋文　諴。音咸。　○山井鼎《考文》：補脫少，詩照反〔據經典釋文〕。謹按當在「諴音咸」下。（彙校者案：別本在傳「欲其法之」下。）

十一葉十行注　必任之爲先。　「任」，李作「仕」，十、永作「在」。○《定本校記》：必任之爲先。「爲」上九條本、内野本、神宮本有「以」字。

十一葉十一行注　美道成也。　「美」上王、纂、岳有「而」字。「成」下八、李、王、纂、魏、平、岳無「也」字。○物觀《補遺》：美道成也。宋板無「也」字。○阮元《校記甲》：則德化立，美道成也。「美道成也」，岳本作「而美道成」，宋板亦無「也」字，與疏標目合。阮元《校記乙》同。

十一葉十一行釋文　碞。五咸反。徐音吟。　「徐」下王、纂、魏、平、殿、庫有「又」字。「吟」下王有「治，直吏反。下爲治、致治皆同」十一字。○物觀《補遺》：徐音吟。〔經典釋文〕「音」上有「又」字。○阮元《校記甲》：碞，徐又音吟。十行本、毛本俱無「又」字。

十一葉十二行疏　嗚呼。今所有之王。　「嗚」，殿作「鳴」。

十一葉十二行疏　而爲大爲天所子愛哉。　「而」下單、八無「爲」字。○山井鼎《考文》：而爲大爲天所子愛哉。〔宋板〕無上「爲」字。○盧文弨《拾補》：今雖復少小，而大爲天所子愛哉。毛本「而」下有「爲」字，衍。○阮元《校記甲》：而爲大爲天所子愛哉。「而」下宋板無「爲」字。阮元《校記乙》同。

十一葉十三行疏　若其大能和同於天下小民。「大」，平作「犬」。

十一葉十三行疏　故王當不敢後其能用之士。「士」，平作「土」。

十一葉十四行疏　又當顧念畏於下民僭差禮義。「於」，阮作「于」。

十一葉十七行疏　美道成。美道成。即今休是也。魏不重「美道成」三字。

十一葉十八行注　於地勢正中。○山井鼎《考文》：「地勢正中」下、「而爲治」下、「大致治」下、「太平之美」下，〔古本〕共有「也」字。

十一葉十八行釋文　治直吏反。下爲治致治皆同。王、魏無「治，直吏反。下爲治、致治皆同」十一字。

十二葉二行注　其用是大邑配上天而爲治。「上」，李作「大」。○《定本校記》：配大天而爲治。九條本、内野本、神宮本、足利本如此。清原宣賢手鈔本引家本亦然。注疏本「大」作「上」，似非。

十二葉五行注　用是土中致治。「土」，十作「士」。

十二葉五行注　今獲太平之美。　「獲」，閩作「穫」。「太」，王作「大」。

十二葉七行疏　配大天而爲治。　「大」，八作「上」。○山井鼎《考文》：配大天而爲治。〔宋板〕「大」作「上」。○盧文弨《拾補》：配大天而爲治。「大」，宋本作「上」。○阮元《校記甲》：配大天而爲治。「大」，宋板作「上」。按：「大」字誤。阮元《校記乙》同。○《定本校記》：配大天而爲治。「大」，〔足利〕八行本作「上」，今從單疏。

十二葉八行疏　上下神祇。　「祇」，八、魏、十、永、毛作「祗」。

十二葉九行疏　傳言躬自服行。則不訓自也。　○浦鏜《正字》：傳言躬自服行，則不訓用也。「用」，誤「自」。○盧文弨《拾補》：傳言躬自服行，則自不訓用也。「則」下毛本脱「自」字。「用」，毛本作「自」，譌。○阮元《校記甲》：則不訓自也。浦鏜云：「自」疑「用」字之誤。阮元《校記乙》同。○孫詒讓《校記》：此言不訓「自」字，浦校非。

十二葉十行疏　王者爲天所子。　「所」，平作「之」。

十二葉十二行疏　必宜治居土中。　「治」，庫作「法」。

十二葉十三行疏　周禮大司徒云。　「徒」，平作「徙」。

十二葉十三行疏　以土圭之法測土深。　「測」，魏、永作「側」。

十二葉十三行疏　正日景以求地中。　「景」，單、八、魏、平、十、永、閩、阮作「影」。○物觀《補遺》：正日景。〔宋板〕「景」作「影」，下同。○盧文弨《拾補》：正日景以求地中。「景」，宋、元本作「影」，下並同。唐人引經多用近世字，不盡依本書，後人乃據本書改正之。○阮元《校記甲》：正日景以求地中。「景」，宋板、十行、閩本俱作「影」，下同。按：周禮作「景」。

十二葉十三行疏　則景短多暑。　「景」，單、八、魏、平、十、永、閩、阮作「影」。

十二葉十四行疏　則景長多寒。　「景」，單、八、魏、平、十、永、閩、阮作「影」。

十二葉十四行疏　則景夕多風。　「景」，單、八、魏、平、十、永、閩、阮作「影」。

十二葉十四行疏　則景朝多陰。　「景」，單、八、魏、平、十、永、閩、阮作「影」。

十二葉十四行疏　日至之景。　「景」，單、八、魏、平、十、永、閩、阮作「影」。

十二葉十六行疏　故爲治當慎祀於天地。　「祀」，八作「礼」。

十二葉十七行疏　則其用是土中大致治也。　「土」，庫作「上」。「大」，十、永、閩作「天」。○張鈞衡《校記》：中天致治也。阮本「天」作「大」。

十三葉一行經　王先服殷御事。比介于我有周御事。　○山井鼎《考文》：王先服殷御事。

〔古本〕「殷」上有「ナ」字。謹按古本「有」字作「ナ」。又：比介于我有周御事。〔古本〕「介」作「迩」。謹按「迩」即「邇」字。考傳文「比介」解「比近」，恐經文作「比邇」爲是。「介」無「近」之義，明云「比近」者，非解「比介」。蓋古作「迩」，後字畫蝕滅，誤作「介」字，遂承襲其誤無改歟。可疑。○盧文弨《拾補》：王先服殷御事，比介于我有周御事。古本「服」下有「ナ」字，乃古「有」字。「介」，考文云：古本作「迩」，即「邇」字。考傳文「比介」解「比近」，恐經文作「比邇」爲是。「介」無「近」之義，蓋古作「迩」，後字畫蝕滅，誤作「介」字。○阮元《校記甲》：王先服殷御事。「殷」上古本有「ナ」字。山井鼎曰：古文「有」字作「ナ」。按：古文「有」字作「又」，「ナ」乃「左」字也。此古本傳寫之訛。又：比介于我有周御事。「介」，古本作「迩」。山井鼎曰：「迩」即「邇」字。考傳文「比介」解「比近」。恐經文作「比迩」爲是。按：作「迩」者，古文尚書也。今字尚書當作「邇」，後誤爲「介」，則因「迩」字而譌也，開成石經已然。阮元《校記乙》同。○孫詒讓《校記》：「介」，疑「尔」之誤。「尔」、「邇」通。○《定本校記》：王先服殷御事。「殷」上内野本、神宮本、足利本有「有」字，清原宣賢手鈔本引家本亦有。

十三葉二行注　又自陳巳意以終其戒。　○《定本校記》：又自陳己意。九條本、内野本、神宮本無「己」字，清原宣賢手鈔本引家本亦無。

十三葉三行注　言當先服治殷家御事之臣。　○山井鼎《考文》：殷家御事之臣。〔古本〕「御」下有「治」字。○盧文弨《拾補》：言當先服治殷家御治事之臣。「御」下「治」字，毛本脱，古本有。案：宋本疏中亦有。○阮元《校記甲》：言當先服治殷家御事之臣。「御」下古本有「治」字。○《定本校記》：言當先服治殷家御事之臣。「御」下九條本、内野本、神宮本、足利本有「治」字，清原宣賢手鈔本引家本亦有。

十三葉四行注　必和協乃可一。　○山井鼎《考文》：「乃可一」下、「惟日其行」下，〔古本〕共有「也」字。○《定本校記》：必和協乃可一。内野本、神宮本無「必」字。

十三葉五行注　令不失中。　○《定本校記》：令不失中。「令」，九條本作「命」，屬上句。

十三葉五行注　則道化惟日其行。　「日」，阮作「曰」。○張鈞衡《校記》：惟日其行。阮本「日」作「曰」，誤。

十三葉五行釋文　令　力呈反。　「令」下平有「不上」二字。

十三葉六行經　不可不敬德。　○山井鼎《考文》：不可不敬德。〔古本〕下「不」作「弗」。下除「不監于有夏」、「我不敢知曰有殷」、「罔不在厥初」外，皆同。謹按 一篇之内文相似而字異，不可不擇。

十三葉七行注　則下敬奉其命矣。　○山井鼎《考文》：奉其命矣。〔古本〕「矣」作「也」。○阮元《校記甲》：則下敬奉其命矣。「矣」，古本作「也」。

十三葉八行疏　先服治殷家御事之臣。　「御」下單、八、魏、平有「治」字。○山井鼎《考文》：先服治殷家御事之臣。〔宋板〕「御」下有「治」字。○阮元《校記甲》：先服治殷家御事之臣。「御」下宋板有「治」字。

十三葉十行疏　常若命之不行。　○阮元《校記甲》：常若命之不行。盧文弨改「若」爲「苦」，是也。阮元《校記乙》同。○《定本校記》：常若命之不行。盧氏云：「若」當作「苦」。

十三葉十行疏　自今休已上。　「已」，單、八作「以」。

十三葉十二行疏　或加陵殷士。　「陵」下八無「殷士」二字。○山井鼎《考文》：或加陵殷士。〔宋板〕無「殷士」二字。謹按恐非。○阮元《校記甲》：或加陵殷士。宋板無「殷士」二字，非。阮元《校記乙》同。○《定本校記》：或加陵殷士。〔足利〕八行本脱「殷士」二字。

十三葉十三行疏　殷人失埶。　「埶」，單、八、平作「勢」，魏作「勢」。

十三葉十三行疏　政必乖戾。　○阮元《校記甲》：政必乖戾。「乖」，纂傳作「舛」。

十三葉十四行疏　㊟傳和比至其行○正義曰。　文承比周之下。　「文承比周之下」上「㊟傳和比至其行○正義曰」，殿、庫作「節性惟日其邁」。

十三葉十四行疏　文承比周之下。　「承」，平作「氶」。「周」上「比」字，阮作「殷」。○張鈞衡《校記》：文承比周之下。阮本「比」作「殷」，誤。

十三葉十七行疏　當使易從而難犯。　「使」，永作「所」。

十四葉一行疏　故爲其德不可不敬也。　「敬」上單、八無「不」字。○《定本校記》：故爲其德不可敬也。「敬」上十行本增「不」字，是也。

十四葉二行經　我不可不監于有夏。　亦不可不監于有殷。　○山井鼎《考文》：監于有殷。〔古本〕「監」作「鑒」。○阮元《校記甲》：我不可不監于有夏，亦不可不監于有殷。下「監」字古本作「鑒」。按：下句作「鑒」，見後漢書崔駰傳，即古本之所據。阮元《校記乙》同。

十四葉三行注　戒其不長。　○山井鼎《考文》：「戒其不長」下、「亦王所知」下，〔古本〕共有「也」字。

十四葉六行注　言桀不謀長久。　○山井鼎《考文》：言桀不謀長久。〔古本〕「謀」作「其」。

○盧文弨《拾補》：言桀不其長久。「其」，毛本作「謀」。古本作「其」，是。○阮元《校記甲》：言桀不謀長久。「謀」，古本作「其」，與疏合。阮元《校記乙》同。○《定本校記》：言桀不其長久。九條本、内野本、神宮本、足利本如此。清原宣賢手鈔本引家本亦然。注疏本「其」作「謀」，非。

十四葉六行注　故乃早墜失其王命。　「失」，纂作「矢」。

十四葉九行注　殷之賢王猶夏之賢王。　○《定本校記》：殷之賢王猶夏之賢王。九條本、内野本、神宮本、足利本無下「之」字。

十四葉九行注　所以歷年亦王所知。　「王」，李作「三」。○山井鼎《考文》：所以歷年亦王所知。〔古本〕「年」下有「者」字，「知」下有「也」字。下「亦王所知」下同。［謹按］一章之内，「亦王所知」在句末者凡四，有「也」字者居三。古本參差如此。○阮元《校記甲》：所以歷年。古本下有「者」字。○《定本校記》：所以歷年。「年」下内野本、神宮本、足利本有「者」字。

十四葉十行注　紂早墜其命。　○《定本校記》：紂早墜其命。九條本、内野本、神宮本無「其」字，清原宣賢手鈔本引家本亦無。

十四葉十二行注　其夏殷也。　○山井鼎《考文》：其夏殷也。〔古本〕作「其其夏殷也」。○盧文弨《拾補》：其其夏殷也。「其其」，古本重，毛本不重，當補。○阮元《校記甲》：其夏殷也。古本重「其」字，非也。○《定本校記》：其夏殷也。九條本、内野本、神宮本、足利本重「其」字，清原宣賢手鈔本引家本亦然。

十四葉十三行注　亦惟當以此夏殷長短之命爲監戒。　○《定本校記》：亦惟當以此夏殷長短之命爲監戒。九條本、内野本、神宮本無「之」字。

十四葉十四行疏　言王所以須慎敬所爲不可不敬之德者。　○《定本校記》：言王所以須慎敬所爲不可不敬之德者。「所爲」二字，疑倒。

十四葉十五行疏　長與不長。　「與不」，永、阮作「不與」。○阮元《校記甲》：長與不長。「與不」二字十行本倒。○阮元《校記乙》：長不與長。毛本「不與」二字倒。

十五葉一行疏　亦是爲敬者長。　「爲」，阮作「所」。

十五葉六行疏　非創業之君不能如是。　「創」，單作「創」。

十五葉十二行注　爲政之道。亦猶是也。　○《定本校記》：爲政之道，亦猶是。「是」下各本有「也」字，與疏標題不合，今刪。

十五葉十四行注　雖説之。其實在人。　「之」下岳有「於天」二字。○盧文弨《拾補》：雖説之其實在人。「之」，疑當作「天」。○阮元《校記甲》：雖説之其實在人。「之」下岳本有「於天」二字。沿革例曰：「雖説之」三字不可曉。考石經則曰「雖説之於天」，添「於天」二字，意始明。今按：此所謂石經，疑是成都石經。然岳氏自述所据書本無成都石經。未知其審「説之於天」，即疏所云「托天説之」也。阮元《校記乙》同。○《定本校記》：雖説之，其實在人。「之」下岳本、内野本有「於天」二字，清原宣賢手鈔本引家本亦有。

十五葉十五行經　肆惟王其疾敬德。○《定本校記》：肆惟王其疾敬德。九條本、内野本、神宫本無「德」字，清原宣賢手鈔本引家本亦無。

十五葉十六行注　天巳知我王。今初服政。　○阮元《校記甲》：天巳知我王今初服政。「初服」二字纂傳誤倒。

十五葉十六行注　故惟王其當疾行敬德。　○山井鼎《考文》：疾行敬德。〔古本〕下有「也」字。「重民秉常」下、「戒以慎罰」下並同。

十五葉十七行經　祈天永命。　「祈」，李作「祈」。

十五葉十七行注　求天長命以歷年。　○阮元《校記甲》：求天長命以歷年。「長」，葛本誤作「常」。

十六葉一行注　勿用小民過用非常。　○浦鏜《正字》：勿用小民過用非常。「過」，監本誤「遇」。

十六葉二行注　亦當果敢絶刑戮之道用治民。　「治」，殿、庫作「於」。

十六葉三行注　順行禹湯所以成功。　「以」，八、李、王、纂、岳作「有」。○山井鼎《考文》：順行禹湯所以成功。〔古本〕「以」作「有」，宋板同。○浦鏜《正字》：順行禹湯所有成功。「所有」誤「所以」，從疏校。○盧文弨《拾補》：順行禹湯所有成功。毛本「有」作「以」。「以」當作「有」。○阮元《校記甲》：順行禹湯所以成功。「以」，古、岳、宋板倶作「有」，與疏合。阮元《校記乙》同。

十六葉三行注　則其惟王居位在德之首。　○山井鼎《考文》：「在德之首」下、「言治政」下，〔古本〕共有「也」字。下註「以入其言」下、「謙辭」下、「非一人」下、「昭著」下、「受天永命」下並同。

十六葉四行注　王在德元。　「王」，纂作「主」。

十六葉五行注　言治政於王亦有光明。　○《定本校記》：於王亦有光明。九條本、内野本、神宮本、足利本無「亦」字，清原宣賢手鈔本引家本亦無。

十六葉六行疏　**王乃至王顯。**　「王乃」，永作「玉乃」。

十六葉七行疏　**命由巳來。**　「巳」，閩作「已」。

十六葉九行疏　**其命有智與愚也。**　「有」，單、八、魏、平、十、永、閩、阮作「者」。○阮元《校記甲》：其命有智與愚也。「有」，十行、閩本俱誤作「者」。○阮元《校記乙》：其命者智與愚也。岳(毛)本「者」作「有」，是也。閩本亦誤作「者」。

十六葉九行疏　**則有智常吉。**　「有」下永無「智」字。

十六葉十行疏　**觀王善惡。**　「惡」，平作「悪」。

十六葉十二行疏　**順行禹湯所有成功。**　「有」，庫作「由」。

十六葉十三行疏　**言王至猶是。**　「是」下平有「也」字。

十六葉十三行疏　**比子之初生。**　「比」，永作「此」。

十六葉十四行疏　**由巳行善而來。**　「巳」，閩作「已」。

十六葉十五行疏　**是自遺智命矣。**　「矣」，單、八作「也」。○山井鼎《考文》：是自遺智命矣。〔宋板〕「矣」作「也」。○盧文弨《拾補》：是自遺智命也。毛本「也」作「矣」。「矣」當作「也」。○阮元《校記甲》：是自遺智命矣。「矣」，宋板作「也」。

十七葉一行疏　此篇所云惟勸修敬德。　「勸」，單、八、魏作「勸」，平作「勸」。○山井鼎《考文》：此篇所云惟勸修敬德。〔宋板〕「勸」作「勸」。○盧文弨《拾補》：此篇所云惟勸修敬德。毛本「勸」作「勤」。「勤」當作「勸」。○阮元《校記甲》：惟勤修敬德。「勤」，宋板作「勸」，是也。阮元《校記乙》同。

十七葉一行疏　故云修敬德則有智則常吉。　「則有」上平無「故云修敬德」五字。

十七葉二行疏　則歷年。　「歷」，阮作「多」。

十七葉二行疏　爲不敬德則愚凶不長也。　「爲」，阮作「惟」。

十七葉三行疏　三者雖以託天説之。　「託」，魏作「訖」。

十七葉五行疏　故上傳云王者當疾行敬德則此文是也。　「者」，單、八、魏、平作「其」。○山井鼎《考文》：故上傳云王者。〔宋板〕「者」作「其」。○盧文弨《拾補》：故上傳云王其當疾行敬德。毛本「其」作「者」。「者」當作「其」。○阮元《校記甲》：王者當疾行敬德。「者」，宋板作「其」，是也。阮元《校記乙》同。

十七葉七行疏　以刑止刑。　「止」，單作「止」。

十七葉七行疏　若眞犯罪之人。　「眞」，單、八、平、十、永作「直」，魏作「直」，阮作「直」。○

山井鼎《考文》：若眞犯罪之人。〔宋板〕「眞」作「直」。謹按律有眞犯、雜犯，作「直」恐非。○盧文弨《拾補》：若眞犯罪之人。「眞」，宋、元本俱作「直」，疑非。○阮元《校記甲》：若眞犯罪之人。「眞」，宋板、十行俱作「直」。按：「眞」字誤。○《定本校記》：若直犯罪之人。「直」，疑當作「有」。

十七葉八行疏　則果敢爲絶刑戮之道。「刑」，十作「則」。

十七葉八行疏　是爲不能果敢絶刑殺之道也。「殺」，阮作「戮」。○張鈞衡《校記》：刑殺之道也。阮本「殺」作「戮」。

十七葉十行疏　相夏相殷，禹湯之功。「殷」下單、八有「謂」字。○山井鼎《考文》：禹湯之功。〔宋板〕「禹」上有「謂」字。○盧文弨《拾補》：上文所云相夏相殷謂禹湯之功。「謂」，毛本脱。○阮元《校記甲》：相夏相殷禹湯之功。「禹」上宋板有「謂」字。按：宋本是。阮元《校記乙》同。

十七葉十一行疏　則小民乃惟法則於王。「於」上魏無「則」字。

十七葉十四行注　勿用廢有殷歷年。○《定本校記》：用勿廢有殷歷年。九條本、内野本、神宮本、足利本如此。注疏本倒「用勿」二字，非。

十七葉十六行經　拜手稽首曰。　○《定本校記》：拜手稽首曰。内野本、神宫本無「曰」字。

十七葉十七行注　稽首。首至地。　○《定本校記》：稽首，首至地。上「首」字下内野本、神宫本有「又」字。

十八葉一行注　言民在下。　○《定本校記》：言民在下。九條本無「言」字。

十八葉一行釋文　讎。字或作酬。　「或」上王無「字」字。

十八葉三行經　王末有成命。　「末」，毛作「未」。○山井鼎《考文》：王末有成命。［正誤］「末」當作「末」。物觀《補遺》：古本、宋板「未」作「末」。○盧文弨《拾補》：王末有成命。毛本「末」作「未」。「未」當作「末」。○阮元《校記甲》：王末有成命。「末」，古本、唐石經、岳、葛、宋板、十行、閩、監俱作「末」。按：「未」字誤。○阮元《校記乙》：王末（末）有成命。古本、唐石經、岳本、葛本、宋板、閩本、明監本同。毛本「末」作「未」，誤。

十八葉八行釋文　注供待同。　「供」，平作「共」。

十八葉十二行疏　敢以王之匹配於民。　「民」，十作「氏」。

十八葉十二行疏　是上勤恤也。　「上」下單、八、魏、平有「下」字。○山井鼎《考文》：是上勤恤也。〔宋板〕「上」下有「下」字。○盧文弨《拾補》：是上下勤恤也。毛本脱「下」字。

○阮元《校記甲》：是上勤恤也。「勤」上宋本有「下」字。阮元《校記乙》同。

十八葉十四行疏　用供待王。「待」，魏作「侍」。

十八葉十六行疏　我周王承夏殷之後受天明命。「王」，毛作「公」。○物觀《補遺》：我周公。〔宋板〕「公」作「王」。○浦鏜《正字》：我周家承夏殷之後。「家」，監本誤「王」，毛本誤「公」。○盧文弨《拾補》：我周家承夏殷之後。「家」，宋、元本作「王」，毛本作「公」。浦改作「家」，從之。○阮元《校記甲》：我周公承夏殷之後。「公」，宋板、十行、閩、監俱作「王」。按：浦鏜挍改作「家」，是也。○阮元《校記乙》：我周王承夏殷之後。宋板、閩本、明監本同。毛本「王」作「公」。案：此皆誤。浦鏜挍改作「家」，是也。

十八葉十六行疏　庶幾兼彼二代。○浦鏜《正字》：庶幾兼彼二代。「二」字監本缺。

十八葉十八行疏　太祝辨九拜。「太」，殿、庫作「大」。

十九葉一行疏　此拜手稽首一句。「首」，魏作「手」。

十九葉六行疏　王能愛養小民。「王」，阮作「毛」。○張鈞衡《校記》：王能愛養小民。阮本「王」作「毛」，誤。

洛誥第十五

十九葉十行經　召公既相宅。周公往營成周。　○山井鼎《考文》：周公往營成周。〔古本〕「營」上有「經」字。○盧文弨《拾補》：周公往營成周。「營」上古本有「經」字。○阮元《校記甲》：召公既相宅，周公往營成周。「營」上古本有「經」字。阮元《校記乙》同。○《定本校記》：周公往營成周。「營」上内野本、神宫本、足利本有「經」字，清原宣賢手鈔本引家本亦有。

十九葉十行注　召公先相宅卜之。　「公」上「召」字八爲空白。

十九葉十一行注　遣使以所卜吉兆逆告成王。　「兆」，庫作「卜」。○山井鼎《考文》：「逆告成王」下、「居洛之義」下，〔古本〕共有「也」字。下註「子成王」下同。

十九葉十二行釋文　相。息亮反。注及下同。　「相」上平有「既」字。「息亮反」下魏無「注及下同」四字。「注」，毛作「汪」。

十九葉十二行釋文　使所吏反。注遣使同。　「使」下平有「來上」二字。「同」，魏作「罔」。

十九葉十四行疏　「召公至洛誥○正義曰」至「或亦較七日」。　○浦鏜《正字》：「洛誥」下疏

「召公」至「亦較七日」。四百三十五字當在上序下。○盧文弨《拾補》：召公至洛誥。自此起至「或亦較七日」止，當在上序之下。○疏文「召公至洛誥○正義曰」至「或亦較七日」在定本經文「作洛誥」下。《定本校記》：洛誥。此經傳〔足利〕八行本在「作洛誥」下，今從殿本、浦氏。

十九葉十四行疏　上篇序云。周公先相宅。「周」，單、八、魏、平、薈作「召」。「相」下平無「宅」字。○物觀《補遺》：周公先相宅。宋板「周」作「召」。○盧文弨《拾補》：上篇序云，召公先相宅。毛本「召」作「周」。「周」當作「召」。○阮元《校記甲》：周公先相宅。「周」，宋板作「召」。按：「周」字誤。○阮元《校記乙》：周公先相宅。宋板「周」作「召」。案：「周」字誤。

十九葉十六行疏　及周公將欲歸政成王乃陳本營洛邑之事。「歸政」，單、八、魏、平作「歸政於」，十、永、閩、阮作「歸於」。○山井鼎《考文》：將欲歸政成王。宋板「政」下有「於」字。○盧文弨《拾補》：及周公將欲歸政於成王。「於」字毛本脱。○阮元《校記甲》：及周公將欲歸政成王。宋板「政」下有「於」字。十行、閩本俱有「於」，無「政」。○阮元《校記乙》：及周公將欲歸於成王。宋板「於」上有「政」字。毛本「於」改作「政」。案：所改是也。

十九葉十七行疏　周公與王更相報答。　「答」，單、八、魏、平、十、永、毛、阮作「荅」。

二十葉一行疏　太保朝至于洛卜宅。　「太」，毛作「大」。

二十葉一行疏　厥既得卜則經營是召公先相宅則卜之。　「得卜」下平無「則經營是召公先相宅」九字。「則卜」，單、八作「即卜」。

二十葉二行疏　則達觀于新邑營。　「邑」下平無「營」字。

二十葉五行疏　王與周公雖與相俱行。　「與相」，單、八、平作「相與」。○山井鼎《考文》：雖與相俱行。〔宋板〕作「雖相與俱行」。○盧文弨《拾補》：王與周公雖相與俱行。「相與」，毛本作「與相」，倒。○阮元《校記甲》：雖與相俱行。「與相」二字宋板倒。按：當作「相與」。○阮元《校記乙》：雖與相俱行。宋板「與相」作「相與」，是也。

二十葉七行疏　上篇召公以戊申至。　「戊」，十作「戍」。

二十葉九行疏　戊辰王在新邑。　「戊」，十作「戍」。

二十葉十行疏　明戊辰巳上皆是西都時所誥也。　「戊」，十作「戍」。

二十葉十一行注　周公盡禮致敬。　○《定本校記》：周公盡禮致敬。內野本、神宮本無「盡禮」二字，清原宣賢手鈔本引家本亦無。

二十葉十三行注　故必歸政而退老。「退」，毛作「逷」。

二十葉十三行經　王如弗敢及天基命定命。○山井鼎《考文》：王如弗敢及天基命定命。〔古本〕「弗」作「不」。下文「敘弗其絶」同。

二十葉十四行注　不敢及知天始命周家安定天下之命。「知」，八作「如」。○山井鼎《考文》：不敢及知天始命周家安定天下之命。〔古本〕「知」作「如」，宋板同。○盧文弨《拾補》：不敢及如天始命周家安定天下之命。毛本「如」作「知」。古本、宋本皆作「如」。「知」當作「如」。○阮元《校記甲》：不敢及知天始命周家安定天下之命。「知」，古本、宋板俱作「如」。阮元《校記乙》同。○《定本校記》：不敢及知天始命周家安定天下之命。岳本如此。足利本、〔足利〕八行本「知」誤作「如」。内野本、神宮本無「知」字，清原宣賢手鈔本引家本亦無。

二十葉十四行注　故巳攝。「攝」下王、纂、魏、平、殿、庫有釋文「少，詩照反」四字。○山井鼎《考文》：故已攝。〔古本〕下有「之」字。又：[補脱]少，詩照反〔據經典釋文〕。[謹按]註「王往日幼少」。○盧文弨《拾補》：故已攝之。「攝」下毛本脱「之」字，古本有。○阮元《校記甲》：故已攝。古本下有「之」字。

二十葉十七行注　其始爲民明君之治。　「治」下王、纂、魏、平、殿、庫有釋文「治。直吏反」四字。○山井鼎《考文》：［補脱］治。直吏反〔據經典釋文〕。［謹按］註「明君之治」。

二十葉十七行疏　周公至民明辟　「至」下單、八無「民」字。○山井鼎《考文》：周公至民明辟。〔宋板〕無「民」字。○盧文弨《拾補》：周公至明辟。毛本「明」上有「民」字，衍。○阮元《校記甲》：周公至民明辟。宋板無「民」字。

二十葉十八行疏　既拜乃興而言曰。　「曰」，十作「口」。

二十葉十八行疏　言王往日幼少。　「少」，庫作「小」。

二十葉十八行疏　不敢及知天之始命我周家安定天下之命。　「知天」，單作「知夭」。

二十一葉二行疏　必當治土中。　「治」下單、八有「於」字。「土」，閩作「上」。

二十一葉三行疏　正以此年還政者。　「年」，毛作「言」。○浦鏜《正字》：正以此年還政者。「年」，毛本誤「言」。○盧文弨《拾補》：正以此年還政者。毛本「年」作「言」。「言」當作「年」。○阮元《校記甲》：正以此言還政者。「言」，十行、閩、監俱作「年」。按：「言」字誤。○劉承幹《校記》：正以此年還政者。阮本「年」作「言」。（彙校者案：阮本作「年」。）

二十一葉五行疏　武王年九十三而巳。冬十一月崩。　○浦鏜《正字》：武王年九十三而巳，冬十一月崩。「而巳」二字案史記正義當「庚寅」之誤。○盧文弨《拾補》：武王年九十三而巳，冬十一月崩。「巳」，毛本作「以」，同。或據史記集解疑是「庚寅」，非。（彙校者按：毛本實作「巳」。）○《定本校記》：而巳冬十一月崩。「巳」，疑當作「以」。

二十一葉七行疏　孔於此言成王年二十。　「王」下永無「年」字。

二十一葉八行疏　乃。訓與也。　「乃」，單、八、魏、平、永、毛、殿、庫、阮作「及」。

二十一葉九行疏　必令天下太平乃爲安定。　「令」，永作「命」。

二十一葉十二行疏　爲民明君之政治。　「爲」下永無「民」字。

二十一葉十三行注　説始卜定都之意。　○山井鼎《考文》：定都之意。〔古本〕下有「也」字。

二十一葉十四行經　我卜河朔黎水。　○《定本校記》：我卜河朔黎水。「水」下燉煌本有「上」字。

二十一葉十五行注　我使人卜河北黎水上不吉。　「上」，纂作「卜」。○阮元《校記甲》：我使人卜河北黎水上。「上」，纂傳作「卜」，屬下句，似誤。

二十一葉十五行注　又卜澗瀍之間。　「間」，岳作「閒」。

二十一葉十六行注　兆順食墨。　「順」，王作「須」。

二十一葉十六行釋文　河朔。朔北也。瀍。直連反。近。附近之近。「朔北」上王無「河朔」二字。「朔北」至「之近」十二字釋文王作孔傳。「近附」上平有「南」字。

二十一葉十七行經　我又卜瀍水東。〇《定本校記》：我亦卜瀍水東。燉煌本、内野本、神宮本如此。足利本、注疏本「亦」作「又」，不與疏合。

二十一葉十七行經　伻來。以圖及獻卜。〇阮元《校記甲》：伻來以圖。按：羣經音辨亏部：平，使也。補耕、普耕二切。書「平來以圖」。阮元《校記乙》同。

二十二葉一行注　遣使以所卜地圖。「地」，永作「也」。

二十二葉一行注　來告成王。〇山井鼎《考文》：來告成王。〔古本〕作「來告於成王之」。謹按「之」字可疑。古本間有若此助字。〇阮元《校記甲》：來告成王。古本作「來告於成王之」。案：疏標起訖無「之」字，古本妄加。阮元《校記乙》同。〇《定本校記》：來告成王。「告」下燉煌本、内野本、神宮本、足利本有「於」字。

二十二葉二行釋文　伻。普耕反。徐敷耕反。又甫耕反。下同。「敷」，十作「敷」。〇阮元《校記甲》：伻，又甫耕反。段玉裁挍本「甫」作「補」。

二十二葉二行疏　至義曰。「至」，單、八、魏、平、十、閩、毛、殿、庫、阮作「正」。

二十二葉二行疏　周公追述立東都之事。　「追」，永作「道」。

二十二葉三行疏　朝至於洛邑衆作之處。　「於」，阮作「于」。

二十二葉四行疏　依規食墨。我以乙卯至洛。　「規」，單作「䂓」。

二十二葉五行疏　及獻所卜吉兆於王。　「兆」，單作「兆」。

二十二葉六行疏　下文摠結周公攝政之事。　「摠」，毛、殿、庫作「總」。

二十二葉七行疏　周公至洛之時。　「洛」，單作「洺」。

二十二葉十行疏　武王定鼎於郟鄏。　「郟」，八作「郊」。○殿本《考證》：武王定鼎于郟鄏已有遷之意。臣召南按：文應作「遷鼎于洛邑」，不當用成王事也。此係臨文之誤。

二十二葉十一行疏　所以博求吉地。　「博」，十作「愽」，永作「博」。

二十二葉十一行疏　其卜澗瀍之間南近洛吉。　「間」，單作「閒」。

二十二葉十一行疏　基趾仍在。　「趾」，殿、庫作「址」。

二十二葉十二行疏　要坼依此墨。　「坼」，十作「祈」，永作「圻」。

二十二葉十三行疏　顧氏云。　「顧」，阮作「顔」。○張鈞衡《校記》：顧氏云。阮本「顧」作「顔」，誤。

二十二葉十三行疏　先卜河北黎水者。「卜」，魏作「丨」。
二十二葉十三行疏　爲其懷土重遷。「懷」，魏、永作「壞」。
二十二葉十五行疏　城成周是也。「成」上平無「城」字。
二十二葉十五行疏　將定下都以遷殷之頑民。「頑」，八作「須」。
二十二葉十八行注　成王尊敬周公。○《定本校記》：成王尊敬周公。燉煌本無「敬」字。
二十二葉十八行注　答其拜手稽首而受其言。「答」，八、李、王、纂、魏、平、岳、十、永、閩、毛、阮作「荅」。○《定本校記》：荅其拜手稽首。燉煌本、内野本、神宫本無「手」字。
二十三葉一行注　言公不敢不敬天之美。○山井鼎《考文》：不敬天之美。〔古本〕下有「也」字。
二十三葉四行注　我與公共正其美。「與」，王作「𠀤」。
二十三葉四行釋文　貞。正也。「正」，王作「𤴓」。
二十三葉五行注　公其當用我萬億年敬天之美。十千爲萬。十萬爲億。三「萬」字王皆作「万」。
二十三葉六行經　拜手稽首誨言。○《定本校記》：拜手稽首誨言。「拜」上燉煌本有「王」字。

二十三葉七行注　**成王盡禮致敬於周公。**　○《定本校記》：成王盡禮致敬於周公。内野本、神宫本無「致」字，清原宣賢手鈔本引家本亦無。

二十三葉七行注　**來教誨之言。**　「來」，八、李、王、纂、平、岳、殿、庫作「求」。○山井鼎《考文》：來教誨之言。〔古本〕「來」作「求」，宋板同。○浦鏜《正字》：求教誨之言。「求」誤「來」。○盧文弨《拾補》：求教誨之言。毛本「求」作「來」。「來」當作「求」。○阮元《校記甲》：來教誨之言。「來」，古、岳、宋板、纂傳俱作「求」，與疏合。阮元《校記乙》同。

二十三葉七行釋文　**盡。子忍反。**　「盡」，王作「尽」。

二十三葉七行疏　**王拜手至誨言**　「拜」下單無「手」字。○《定本校記》：王拜至誨言。「拜」下〔足利〕八行本有「手」字，今從單疏。

二十三葉九行疏　**公既定洛邑。**　「邑」，魏作「色」。

二十三葉十行疏　**公定此宅。**　「此」，阮作「其」。

二十三葉十一行疏　**寡君無所稽首。**　十「寡」字作墨丁，「無」作「之」。

二十三葉十一行疏　**諸侯小事大。尚不稽首。**　「大」下單有一字空白。

二十三葉十二行疏　**故答其拜手稽首而受其言。又述而美之。**　「故答」，單、八、魏、平、永、閩、毛作「故荅」，十作「答言」，阮作「荅言」。○阮元《校記甲》：故荅其拜手稽首而受其言。

「故荅」，十行本作「荅言」。按：此篇疏文十行本多誤，此其一也。○阮元《校記乙》：荅言其拜手稽首而受其言。毛本「荅言」作「故荅」。案：「荅言」非是。此篇疏文十行本多誤，此其一也。○孫詒讓《校記》：「荅言」，疑當在「又述」上。

二十三葉十四行疏　故成王復述公言。　「故」，十、阮作「於」。「述」，阮作「疑」。○阮元《校記甲》：故成王復述公言。「故」，十行本誤作「於」。○阮元《校記乙》：於成王復述公言。毛本「於」作「故」。案：所改是也。○張鈞衡《校記》：故成王復述公言。阮本「故」作「於」，「述」作「疑」，均誤。

二十三葉十七行疏　言公欲令巳作胤久遠。　「作」，單、八、魏、平、庫作「祚」，殿作「祚」。○山井鼎《考文》：作胤久遠。〔宋板〕「作」作「祚」。○盧文弨《拾補》：言公欲令己祚胤久遠。毛本「祚」作「作」。「作」當作「祚」。○阮元《校記甲》：言公欲令巳作允久遠。「作」，宋板作「祚」。按：「作」字非也。阮元《校記乙》同。

二十四葉一行疏　乃萬萬爲億也。　「億」上永無「爲」字。

二十四葉一行疏　傳成王至之言○正義曰。此一段史官所録。　「此一段」上「傳成王至之言○正義曰」，殿、庫作「拜首稽首誨言」六字。

二十四葉一行疏　此一叚史官所録。　「官」，十作「宫」。

二十四葉三行經　王肇稱殷禮。　「肇」，石、八、李作「肈」。

二十四葉三行經　咸秩無文。　○山井鼎《考文》：咸秩無文。〔古本〕「無」作「罔」。下「無若火」同。○阮元《校記甲》：咸秩無文。「無」，古本作「罔」。下「無若火」同。按：此句「無」字不可作「罔」。阮元《校記乙》同。

二十四葉四行注　言王當始舉殷家祭祀以禮典祀於新邑。　「舉」，永作「峚」。「於」，纂、岳作「于」。○物觀《補遺》：殷家祭祀。〔古本〕「祭」上有「之」字。○阮元《校記甲》：言王當始舉殷家祭祀。「祭」上古本有「之」字。

二十四葉四行注　皆次秩不在禮文者而祀之。　「秩」，永作「秩」。「文」，李作「丈」。

二十四葉七行注　我惟曰庶幾有善政事。　○山井鼎《考文》：有善政事。〔古本〕下有「也」字。

二十四葉七行經　今王即命曰。　○阮元《校記甲》：今王即命曰。陸氏曰：「曰」音越，一音人實反。按：古人書「曰」、「日」二字其形正同，但以上缺者爲「曰」，不缺者爲「日」。此云一音人實反，則是别本不缺也。蓋經師傳讀不同，致經文有異。孔疏音越。阮元《校記乙》同。

二十四葉九行注　尊人亦當用功大小爲序。「序」，十、永作「字」。

二十四葉九行注　有大功則列大祀。○山井鼎《考文》：則列大祀。〔古本〕「列」下有「爲」字。○盧文弨《拾補》：有大功則列大祀。「列」下古本有「爲」字。○阮元《校記甲》：有大功則列大祀。「列」下古本有「爲」字，與疏合。阮元《校記乙》同。○《定本校記》：有大功則列大祀。「列」下燉煌本、内野本、神宮本、足利本有「爲」字，清原宣賢手鈔本引家本亦有。

二十四葉九行釋文　曰記。上音越。「音」上王、魏、殿、庫無「記上」二字。

二十四葉十三行經　孺子其朋。其往。○山井鼎《考文》：孺子其朋，其往。〔古本〕「朋」下有「慎」字。○殿本《考證》：其往。金履祥曰：後漢書引此文作「慎其往」。○岳本《考證》：孺子其朋其往。案：後漢書引此文，「其往」上多「慎」字。○盧文弨《拾補》：其往。古本上有「慎」字，後漢書爰延傳同。○阮元《校記甲》：其往。「其」上古本有「慎」字。按：段玉裁云：後漢書爰延上封事曰：臣聞之帝左右者，所以咨政德。故周公戒成王曰：其朋，其朋，言慎所與也。李注：尚書周公戒成王曰：孺子其朋，孺子其朋，慎其往。較今本多一「慎」字，疑妄增。足利古本蓋本諸此。阮元《校記乙》同。○孫詒讓《校記》：唐本自有「慎」字，古本與傳合，非妄增也。○《定本校記》：其往。「其」上燉煌本、内野本、神宮本、足利本有「慎」字，清原宣賢手鈔本引家本亦有。

二十四葉十三行注　少子慎其朋黨。少子慎朋黨。戒其自今已往。　下「慎」字下八、李、王、纂、魏、平、岳有「其」字。○山井鼎《考文》：少子慎朋黨。〔古本〕「慎」下有「其」字，宋板同。又：自今已往。〔古本〕「已」作「以」。○浦鏜《正字》：少子慎其朋黨，少子慎其朋黨。下句脱「其」字。二「少」字釋文無音，疑「小」字之誤。然疏内亦作「少」，未敢定也。○岳本《考證》：少子慎其朋黨，小子慎其朋黨。案：殿本及諸本下句少一「其」字，係脱簡無疑。○盧文弨《拾補》：少子慎其朋黨，戒其自今已往。上「其」字毛本脱。古本「已」作「以」。浦云二「少」字釋文無音，疑「小」字之誤。然疏内亦作「少」，未敢定也。○阮元《校記甲》：少子慎朋黨。「慎」下古、岳、宋板、纂傳俱有「其」字。又：戒其自今已往。「已」，古本作「以」。○阮元《校記乙》：少子慎朋黨。古本、岳本、宋板、纂傳「慎」下有「其」字。

二十四葉十四行經　無若火始燄燄。　「燄燄」，平作「燄燄」。

二十四葉十五行注　無令若火始然。　「無」，王作「无」。

二十四葉十七行釋文　燄。音豔。　「燄」上平有「燄」字。

二十四葉十七行釋文　馬讀敘句字屬下。　「字」上王、平、岳、殿、庫無「句」字。○物觀《補遺》：馬讀敘句字屬下。〔經典釋文〕無「句」字。○浦鏜《正字》：馬讀叙字屬下。「叙」下誤衍「句」字。○阮元《校記甲》：敘，馬讀敘字屬下。「敘」下十行本、毛本俱衍「句」字。

二十四葉十七行釋文　**令。力呈反。**「令」上平有「無」字。

二十五葉二行經　**惇大成裕。**「裕」，八、李、王、纂、魏、平、十、永、毛作「裕」。

二十五葉三行注　**厚大成寬裕之德。**「裕」，李、王、纂、魏、平、十、永作「裕」。

二十五葉四行注　**則汝長有歎譽之辭於後世。**○山井鼎《考文》：辭於後世。〔古本〕下有「矣」字。○阮元《校記甲》：則汝長有歎譽之辭於後世。古本下有「矣」字。

二十五葉四行釋文　**嚮。許亮反。**「許」上王、魏、平、毛有「徐」字。

二十五葉四行釋文　**惇。都昆反。**「昆」，十、永、阮作「混」。

二十五葉四行疏　**王求教誨之言。**「王」，十作「玉」。「誨」，永作「訓」。

二十五葉七行疏　**尊人亦當用功大小爲次序。**「序」，單、八作「敘」。

二十五葉八行疏　**又申述所以祀神記臣功者。**「記」，阮作「功」。○阮元《校記甲》：又申述所以祀神記臣功者。「記」，十行本誤作「功」。○阮元《校記乙》：又申述所以祀神功臣功者。毛本上「功」字改作「記」。所改是也。

二十五葉九行疏　**欲令羣臣盡力。於其初即教之。**「於其」，單、八、魏、平作「宜於」，十、永、阮作「於於」。○山井鼎《考文》：於其初即教之。〔宋板〕「於其」作「宜於」。○盧文弨

《拾補》：欲令羣臣盡力，宜於初即教之。毛本「宜於」作「於其」。「於其」當作「宜於」。○阮元《校記甲》：於其初即教之。「於其」，宋板作「宜於」，是也。十行本誤作「於於」。○阮元《校記乙》：於於初即教之。宋本「於於」作「宜於」，是也。毛本作「於其」，亦誤。

二十五葉九行疏　其當盡自教誨衆官。「自」，魏作「臣」。○浦鏜《正字》：其當盡自教誨衆官。「盡」，監本誤「畫」。○阮元《校記甲》：其當盡自教誨衆官。「盡」，監本誤作「畫」。

二十五葉十一行疏　若欲絶止。「若」，魏作「故」。

二十五葉十二行疏　汝成王其當順此常道。「順」，庫作「慎」。

二十五葉十二行疏　惟當用我此事。在周之百官。○浦鏜《正字》：惟當用我所爲，在周之百官。「所爲」誤「此事」。從下疏挍。○盧文弨《拾補》：惟當用我此事，在周之百官。「此事」，浦云二字譌。當從下疏作「所爲」。○阮元《校記甲》：惟當用我此事，在周之百官。「此事」，浦鏜據下疏改作「所爲」。阮元《校記乙》同。

二十五葉十三行疏　各嚮就有官。「有」，魏作「百」。

二十五葉十三行疏　厚大成寬裕之德。「裕」，八、魏、平、十、永、毛作「裕」。

二十五葉十五行疏　猶上篇云庶殷。「上」，魏作「卜」。

二十六葉一行疏　仍令用殷禮者。　○《定本校記》：仍令用殷禮者。「殷」，〔足利〕八行本誤作「郎」。

二十六葉一行疏　故告神且用殷禮也。　「且」，閩作「且」。

二十六葉三行疏　時成王未有留公之意。　「成」，毛作「文」。○物觀《補遺》：時文王未有留公之意。〔宋板〕「文」作「成」。○浦鏜《正字》：時成王未有留公之意。「成」，毛本誤「文」。○盧文弨《拾補》：時成王未有畱公之意。毛本「成」作「文」。「文」當作「成」。○阮元《校記甲》：時文王未有留公之意。「文」，宋板、十行、閩、監俱作「成」。按：「文」字誤。○阮元《校記乙》：時成王未有畱公之意。宋板、閩本、明監本同。毛本「成」作「文」，誤。

二十六葉五行疏　今王至民者　○《定本校記》：今王至民者。「王」，〔足利〕八行本誤作「玉」。

二十六葉六行疏　知其有功以否。　「以」，平作「與」。

二十六葉九行疏　能禦大災則祀之。　○浦鏜《正字》：能禦大災則祀之。「災」，禮記作「菑」。

二十六葉九行疏　是爲大祀。「爲」，庫作「謂」。

二十六葉九行疏　或時立其祀。○《定本校記》：或時立其祀。「時」字疑譌，待攷。

二十六葉九行疏　配享廟庭。「庭」，十、永、阮作「廷」。○阮元《校記甲》：配享廟庭，亦是也。「庭」，十行本作「廷」。是也。

二十六葉十行疏　是天之恩德深厚矣。「恩」，平作「恩」。

二十六葉十三行疏　言盡自教者。「盡」，十、永作「尽」。

二十六葉十五行疏　此上皆云成王。○盧文弨《拾補》：此上皆云王。毛本「云」下有「成」字，衍。

二十六葉十八行疏　初雖餤餤尚微。「餤餤」，魏作「欿欿」，永作「餤欿」。

二十七葉二行疏　考古依法。「古」，十作「占」。

二十七葉五行疏　在官者。「官」，十作「宫」。

二十七葉五行疏　當以褊小急躁爲累。「褊」，八、魏、平、十、永作「褊」。

二十七葉五行疏　故令臣下厚大成寬裕之德。「裕」，八、魏、平、十、永、毛作「裕」。

二十七葉六行疏　今周頌所歌。「今」，永作「令」。

二十七葉六行經　公曰已。汝惟沖子。惟終。○山井鼎《考文》：公曰巳，汝惟沖子，惟終。〔古本〕「巳」下有「乎」字。○阮元《校記甲》：公曰巳。「巳」下古本有「乎」字。阮元《校記乙》同。○《定本校記》：公曰巳。「巳」下内野本、神宮本、足利本有「乎」字。

二十七葉九行注　言汝爲王。○阮元《校記甲》：言汝爲王。「爲」，十行本作「惟」。

二十七葉九行注　其當敬識百君諸侯之奉上者。○《定本校記》：其當敬識百君諸侯之奉上者。「君」，燉煌本作「官」。

二十七葉十行注　威儀不及禮物。「不」上魏無「威儀」二字。

二十七葉十一行注　惟曰不奉上。○山井鼎《考文》：惟曰不奉上。〔古本〕下有「矣之」二字。○阮元《校記甲》：惟曰不奉上。古本下有「之矣」二字。○《定本校記》：惟曰不奉上。「上」下燉煌本、内野本、神宮本、足利本有「矣」字。

二十七葉十一行經　凡民惟曰不享。「凡」，十作「几」。

二十七葉十二行注　言人君惟不役志於奉上。「於」，纂作「于」。○《定本校記》：言人君惟不役志於奉上。内野本、神宮本無「言」字，清原宣賢手鈔本引家本亦無。燉煌本無「人」字。

二十七葉十二行注　則凡人化之。○《定本校記》：則凡人化之。「人」，内野本、神宮本作「民」。

二十七葉十二行注　惟曰不奉上矣。　○《定本校記》：惟曰不奉上矣。燉煌本、内野本無「曰」字。神宫本無「惟曰」二字，清原宣賢手鈔本引家本亦無「惟曰」二字。

二十七葉十三行注　不可治理。　○山井鼎《考文》：不可治理。〔古本〕下有「之矣」二字。**謹按**　助字甚怪。○阮元《校記甲》：不可治理。古本下有「之矣」二字。

二十七葉十四行疏　前言已如是。　「如是」，單作「是矣」，八、魏、平、毛、殿、庫作「如是矣」。○浦鏜《正字》：前言已如是矣。監本脱「矣」字。○阮元《校記甲》：前言已如是矣。十行、閩、監俱無「矣」字。○《定本校記》：前言已如是矣。單疏本脱「如」字。

二十七葉十五行疏　其當恭敬記識百君諸侯奉上者。　「君」，阮作「官」。

二十七葉十八行疏　百官不奉天子。　「奉」，阮作「承」。○張鈞衡《校記》：百官不奉天子。阮本「奉」作「承」，誤。

二十七葉十八行疏　民復不奉百官。　「官」，單作「君」。○《定本校記》：民復不奉百官。單疏本「官」作「君」。今從〔足利〕八行本。

二十七葉十八行疏　上下不相畏敬。　「相」上單無「不」字。○《定本校記》：上下不相畏敬。單疏本脱「不」字。

二十八葉一行疏　周公止而復言。　「止」，魏作「上」。

二十八葉二行疏　言其年幼而任重。　「任」，十作「任」。

二十八葉三行疏　享。訓獻也。　「訓」下八無「獻也」二字。

二十八葉四行疏　鄭玄專以朝聘説之。　「朝」，永作「朝」。

二十八葉四行疏　察其恭承王命。　「恭」，平作「供」。

二十八葉五行疏　如法以否。　「如」，魏作「加」。

二十八葉五行疏　奉上違上。　下「上」，魏作「止」。

二十八葉五行疏　違上者當以刑威之。　「以」上平無「當」字。

二十八葉七行疏　謂所貢篚多而威儀簡也。　「謂所」，阮作「所謂」。○《定本校記》：謂所貢篚多而威儀簡也。「謂所」二字疑倒。

二十八葉八行經　頒朕不暇。　「暇」，李作「暇」。○盧文弨《拾補》：頒朕不暇。「頒」，石經作「攽」。

二十八葉九行注　我爲政常若不暇。　「常」，王作「當」。「暇」，李作「暇」。○山井鼎《考文》：常若不暇。〔古本〕下有「也」字。○《定本校記》：我爲政常若不暇。「若」，燉煌本、神宮本作「苦」，清原宣賢手鈔本引家本亦然。

二十八葉九行注　汝惟小子。　「惟」，阮作「爲」。○張鈞衡《校記》：汝惟小子。阮本「惟」作「爲」，誤。○《定本校記》：汝惟小子。「小」，燉煌本、内野本、神宮本作「少」。

二十八葉九行注　當分取我之不暇而行之。　「暇」，李作「睱」。

二十八葉九行注　聽我教汝於輔民之常而用之。　「我」，李、纂作「朕」。

二十八葉十行釋文　頒。音斑。徐甫云反。馬云。猶也。　「頒」，薈作「頌」。「斑」，王、纂、魏、平、十、永、閩、殿、庫、阮作「班」。○阮元《校記甲》：頒，馬云猶也。段玉裁云：「猶」下脱一字，不知何字耳。盧文弨云：以徐音求之，或是「分」字。

二十八葉十行釋文　棐。音匪。又芳鬼反。　「又」，王作「徐」。

二十八葉十二行釋文　蘉。徐莫剛反。又武剛反。　「莫」上岳無「徐」字。二「剛」字王作「刚」。○阮元《校記甲》：蘉，徐莫剛反。段玉裁云：「莫剛」當作「莫崩」，見五經文字。

二十八葉十三行注　厚次敘汝正父之道而行之。　「敘」，八、李、王、纂、岳、阮作「序」。「汝正」，王作「正汝」。○山井鼎《考文》：厚次敘汝正父之道。〔古本〕「敘」作「序」。宋板同。○盧文弨《拾補》：厚次序汝正父之道而行之。毛本「序」作「敘」。「敘」當作「序」。○阮元《校記甲》：厚次敘汝正父之道而行之。「敘」，古本、宋板俱作「序」。

二十八葉十四行注　無不順我所爲。　「無」，王作「无」。

二十八葉十四行注　則天下不敢棄汝命。　「棄」，王作「事」。

二十八葉十五行經　彼裕。　「裕」，八、李、王、纂、魏、平、十、永、毛作「裕」。

二十八葉十五行經　我民無遠用戾。　○山井鼎《考文》：無遠用戾。〔古本〕「無」作「亡」。

二十八葉十七行注　明教農人以義哉。　○山井鼎《考文》：明教農人。〔古本〕「人」作「民」。○盧文弨《拾補》：明教農人以義哉。「人」，古本作「民」。○阮元《校記甲》：明教農人以義哉。「人」，古本作「民」。

二十八葉十七行注　彼天下被寬裕之政。　「裕」，八、李、王、纂、魏、平、十、永、毛作「裕」。

二十八葉十八行注　言皆來。　○山井鼎《考文》：言皆來。〔古本〕下有「之」字。○阮元《校記甲》：言皆來。古本下有「之」字。

二十八葉十八行釋文　被　皮寄反。又被美反。　「被。皮寄反」，平作「被寬，上皮義反」。「被美」，殿、庫作「彼美」。

二十九葉二行疏　則汝是惟不可長久哉。　「可」，十作「司」。

二十九葉二行疏　汝欲勉之。　「之」，八作「久」。

二十九葉四行疏　汝若能使彼天下之民。　「若」，閩作「君」。

二十九葉四行疏　被寬裕之政。　「裕」，八、魏、平、十、永、毛作「裕」。

二十九葉五行疏　務在知人。　「在」，永作「任」。「知」，單、八、魏、平作「和」。○物觀《補遺》：務在知人。〔宋板〕「知」作「化」。○盧文弨《拾補》：聖人爲政，務在化人。毛本「化」作「知」。「知」當作「化」。○阮元《校記甲》：務在知人。「知」，宋板作「化」，是也。阮元《校記乙》同。

二十九葉九行疏　言欲已長久也。　「已」，八作「以」。○山井鼎《考文》：言欲已長久也。〔宋板〕「已」作「以」。○阮元《校記甲》：言欲已長久也。「已」，宋板作「以」。盧文弨云：作「以」疑非。阮元《校記乙》同。○《定本校記》：言欲已長久也。「已」，〔足利〕八行本誤作「以」。

二十九葉十二行疏　武王周公俱是大聖。　「俱」，魏作「但」。

二十九葉十四行疏　我其退老於州里。　「州」，平作「間」。

二十九葉十四行疏　又令成王行寬裕之政。　「裕」，魏、平、十、永、毛作「裕」。

二十九葉十五行疏　民被寬裕之政。　「裕」，魏、平、十、永、毛作「裕」。

二十九葉十五行疏　則天下之民。　「則」下單、八、魏、平有「我」字。○山井鼎《考文》：則天下之民。〔宋板〕「則」下有「我」字。○盧文弨《拾補》：則我天下之民。毛本脱「我」字。
○阮元《校記甲》：則天下之民。「則」下宋板有「我」字。

二十九葉十五行疏　無問遠近者用來歸王。　○阮元《校記甲》：無問遠近者用來歸王。
按：「者」字疑當作「皆」。阮元《校記乙》同。

二十九葉十五行疏　上又使之惇大成裕。　「又」，單、八、魏、十、永、閩、毛、殿、庫、阮作
「文」。「裕」，魏、平、十、永、毛作「裕」。

二十九葉十五行疏　故此言裕政來民。　「裕」，魏、平、十、永、毛作「裕」。「來」，魏作「不」。

二十九葉十七行注　成王順周公意。　「成」，八作「戌」。

二十九葉十八行注　不可去之。　○阮元《校記甲》：不可去之。據疏似無「之」字。或當作
「不可去也」。阮元《校記乙》同。○《定本校記》：不可去之。燉煌本、内野本、神宮本無
「之」字。

三十葉一行經　以予小子揚文武烈。　「揚」，殿作「楊」。○浦鏜《正字》：以予小子揚文武
烈。「揚」，監本誤「楊」。○阮元《校記甲》：以予小子揚文武烈。「揚」，監本誤「楊」。

三十葉二行注　而奉順天。　○山井鼎《考文》：而奉順天。〔古本〕下有「地」字。○阮元
《校記甲》：而奉順天。古本下有「地」字。阮元《校記乙》同。

三十葉二行釋文　褏。薄謀反。切韻博毛反。　「博」，永作「愽」。「毛」，魏作「謀」。

三十葉二行經　奉答天命。　「答」，石、八、李、王、纂、魏、平、岳、十、永、閩、毛、阮作「荅」。

三十葉四行注　居處其衆。　○山井鼎《考文》：居處其衆。〔古本〕下有「之也」二字。○阮元《校記甲》：居處其衆。古本下有「之也」二字。

三十葉五行注　皆次秩無禮文而宜在祀典者。　「秩」，王作「叙」，岳作「敘」。○阮元《校記甲》：皆次秩無禮文而宜在祀典者。「秩」，纂傳作「敘」。

三十葉六行注　凡此待公而行。　「凡」，李、十作「几」。○山井鼎《考文》：待公而行。〔古本〕下有「之」字。○阮元《校記甲》：凡此待公而行。古本下有「之」字。

三十葉六行經　惟公德明光于上下。　○《定本校記》：惟公德明光于上下。「德明」二字，内野本、神宮本倒，清原宣賢手鈔本引家本亦然。

三十葉七行注　言公明德光於天地。　「於」，纂作「于」。

三十葉十行注　言化洽。　「洽」，李、永、閩、阮作「治」。○山井鼎《考文》：言化洽。〔古本〕下有「之」字。○阮元《校記甲》：言化洽。「洽」，十行、閩、葛俱誤作「治」。古本「洽」下有「之」字，非也。○阮元《校記乙》：言化治。閩本、葛本同。毛本「治」作「洽」，是也。古本「洽」下有「之」字，非。

三十葉十行釋文　旁。步光反。　○阮元《校記甲》：旁。段玉裁云：「方」，開寶中改作「旁」。

三十葉十二行注　無所能。　「能」下王、纂、魏、平、殿、庫有「毖音秘」三字釋文。○物觀《補遺》：補脱 毖音秘〔據經典釋文〕。

三十葉十二行疏　王若至毖祀　「毖」，單作「毖」。

三十葉十五行疏　凡此皆待公而行。　「凡」，十作「几」。

三十葉十五行疏　惟公明德光于天地。　「于」，毛作「於」。

三十葉十六行疏　言公化洽使如此也。　「洽」，永作「治」。○張鈞衡《校記》：言公化治。阮本「治」作「洽」，下同。

三十葉十八行疏　而請留之自輔。　「請」，魏作「清」。

三十一葉二行疏　言公當留舉大明德以佑助我。　「佑」，單、八、魏、平作「佐」，永作「佐」。○山井鼎《考文》：以佑助我。〔宋板〕「佑」作「佐」，下「我小至佑我」同。○盧文弨《拾補》：舉大明德以佐助我。毛本「佐」作「佑」。「佑」當作「佐」。○阮元《校記甲》：舉大明德以佑助我。「佑」，宋板、十行俱作「佐」，下「我小至佑我」同。○阮元《校記乙》：舉大明德以佐助我。宋板同。毛本「佐」作「佑」，下「我小至佑我」同。○張鈞衡《校記》：以佐助我用。阮本「佐」作「佑」。

三十一葉二行疏　**下句奉答天命是也。**　「答」，單、八、魏、平、十、永、閩、毛、阮作「荅」。

三十一葉六行疏　**令肇稱殷禮。**　「肇」，單、八作「肈」。

三十一葉六行疏　**祀于新邑。**　「祀」，魏作「記」。

三十一葉六行疏　**欲答公誨已之事。**　「答」，單、八、魏、平、十、永、閩、毛、阮作「荅」。

三十一葉七行疏　**○傳言公至化之○正義曰。此與下經。**　「此」上「○傳言公至化之○正義曰」，殿、庫作「惟公德明光於上下，勤施于四方」。

三十一葉七行疏　**此與下經。**　「與」，殿、庫作「典」。

三十一葉九行疏　**上言待公乃行之。**　「待」，永作「侍」。

三十一葉十行疏　**四方至化洽**　「洽」，永作「治」。

三十一葉十行疏　**○傳四方至化洽○正義曰。上言施化在公。**　「上言」上「○傳四方至化洽○正義曰」，殿、庫作「化洽者」。

三十一葉十二行疏　**政化巳洽於民也。**　「洽」，永作「治」。

三十一葉十三行疏　○傳言政至所能○正義曰。此述留公之意。「此述」上「○傳言政至所能○正義曰」，殿、庫作「予沖子夙夜毖祀」。

三十一葉十三行疏　言公若留住。「住」，平作「任」。

三十一葉十六行注　天下無不順而是公之功。「功」，永作「切」。○山井鼎《考文》：是公之功。〔古本〕下有「也」字。

三十二葉二行注　便就君於周。「便」，王、魏、平、永、阮作「使」。○阮元《校記甲》：便就君於周。「便」，十行本誤作「使」。○阮元《校記乙》：使就君於周。毛本「使」作「便」。案：「使」字誤也。

三十二葉三行注　命立公後。「立」，永、阮作「正」。○阮元《校記甲》：命立公後。「立」，十行本誤作「正」。○阮元《校記乙》：命正公後。毛本「正」作「立」。案：「正」字誤也。

三十二葉三行注　公當留佑我。「佑」，八、李、王、纂、魏、平、岳作「佐」，永作「优」。○山井鼎《考文》：當留佑我。〔古本〕「佑」作「佐」，宋板同。○岳本《考證》：公當留佑我。「佐」，殿本、閣本並作「佑」。○盧文弨《拾補》：公當畱佐我。毛本「佐」作「佑」，古本、宋本作「佐」，疏内並同。「佑」當作「佐」。○阮元《校記甲》：公當留佑我。「佑」，古、岳、宋板、十行、纂傳俱作「佐」，是也。○張鈞衡《校記》：公當留佐我。阮本「佐」作「佑」，下同。

三十二葉四行經　亦未克敉公功。　○山井鼎《考文》：亦未克敉公功。〔古本〕「敉」作「撫」。○盧文弨《拾補》：亦未克敉公功。「敉」，古本作「撫」。○阮元《校記甲》：亦未克敉公功。「敉」，古本作「撫」。阮元《校記乙》同。

三十二葉四行注　言四方雖道治。　○山井鼎《考文》：言四方雖道治。〔古本〕「道」作「通」。○阮元《校記甲》：言四方雖道治。「道」，古本初作「通」，後改作「道」。阮元《校記乙》同。謹按後改作「道」。

三十二葉四行注　禮未彰。　○山井鼎《考文》：禮未彰。〔古本〕下有「也」字。

三十二葉五行釋文　治。直吏反。下同。　「反」下魏無「下同」二字。

三十二葉六行經　迪將其後。監我士師工。　「工」，殿作「王」。○《薈要》案語：監我士師工。刊本「工」訛「王」，今改。

三十二葉七行注　監篤我政事衆官。　○《定本校記》：監篤我政事衆官。「篤」，燉煌本、內野本、神宮本作「督」。

三十二葉七行注　委任之言。　○《定本校記》：委任之言。燉煌本、內野本、神宮本無「任」

字，清原宣賢手鈔本引家本亦無。

三十二葉七行釋文　監，工銜反。注同。「監」下平有「我上」二字。「工」，纂作「古」。「銜」，纂、十、永、閩、阮作「御」。

三十二葉十一行疏　理猶自未能定於尊禮。○浦鏜《正字》：猶自未能定于尊禮。「猶」，監本誤「狷」。○阮元《校記甲》：猶自未能定於尊禮。「猶」，監本誤作「狷」。

三十二葉十一行疏　公當待其定大禮。「待其定大」四字魏擠占三字空間。

三十二葉十三行疏　我小至佑我。「佑」，單、八、魏、平作「佐」，十作「优」，永作「佐」。

三十二葉十四行疏　周公於時令成王坐王位。「坐」，庫作「居」。

三十二葉十四行疏　周。洛邑。「洛」上，單、八、魏、平、毛有「謂」字。○浦鏜《正字》：周謂洛邑。監本脱「謂」字。○阮元《校記甲》：周謂洛邑。十行、閩、監俱脱「謂」字。○阮元《校記乙》：周，洛邑。閩本、明監本同。毛本「周」下有「謂」字。

三十二葉十六行疏　公當留佑我。「佑」，單、八、魏、平作「佐」，十、永作「佐」。○物觀《補遺》：當留佑我。〔宋板〕「佑」作「佐」。○阮元《校記甲》：公當留佑我。「佑」，宋板作「佐」，與宋本注合。阮元《校記乙》同。

三十二葉十六行疏　是顧無事既會而還宗周。　○阮元《校記甲》：是顧無事。按：「是」疑當作「自」。阮元《校記乙》同。○《定本校記》：是顧無事。「是顧」二字恐譌，待攷。

三十二葉十七行疏　王意恐公意以四方既定。　「公」，庫作「王」。

三十二葉十七行疏　四方雖已道治。　「已」，平作「以」。○《定本校記》：四方雖已道治理。「理」字疑衍。

三十三葉一行疏　公當待其禮法明公功順。　下「公」字十作「么」。

三十三葉一行疏　文武受民之於天下。　「民」，單、八、魏、平、永作「人」。○山井鼎《考文》：文武受民之於天下。〔宋板〕「民」作「人」。○浦鏜《正字》：文武受民之于天下。「之于天下」當「受之于天」誤。○盧文弨《拾補》：文武受民受之於天。「民」，宋本作「人」。下「受」字毛本脱。「天」下毛本衍「下」字，浦校正。○阮元《校記甲》：文武受民之於天下。「民」，宋板作「人」。浦鏜云：當作「文武受民受之於天」。阮元《校記乙》同。○《定本校記》：文武受人之於天下。此句恐有譌。浦氏云：「之於天下」當「受之於天」誤。

三十三葉三行疏　管子云。　「管」，永、閩作「筦」。

三十三葉四行疏　傳取管子之意。　「管」，永作「筦」。

三十三葉四行經　公功肅將祗歡。「祗」，石、八、李、王、纂、魏、平、岳、十、閩、毛、阮作「祇」。

三十三葉五行注　公功以進大。「以」，纂、岳作「已」。○阮元《校記甲》：公功以進大。「以」，岳本、纂傳俱作「已」。○《定本校記》：公功已進大。各本「已」作「以」，今從岳本、内野本。

三十三葉六行注　天下咸敬樂公功。○物觀《補遺》：敬樂公功。〔古本〕「公」下有「之」字。○阮元《校記甲》：天下咸敬樂公功。「公」下古本有「之」字，與疏合。○《定本校記》：天下咸敬樂公功。「公」下内野本、神宫本、足利本有「之」字。

三十三葉六行釋文　樂，音洛。「樂」下平有「公上」二字。

三十三葉六行經　我惟無斁其康事。「康」，八作「惠」。○《定本校記》：我惟無斁其康事。内野本、神宫本無「我」字。

三十三葉七行注　無去以困我哉。「無」，八作「勿」。○山井鼎《考文》：無去以困我哉。〔古本〕「無」作「勿」，宋板同。○盧文弨《拾補》：公必留勿去以困我哉。毛本「勿」作「無」。「無」當作「勿」。○阮元《校記甲》：無去以困我哉。「無」，古本、宋板俱作「勿」。○《定本校記》：無去以困我哉。「無」，足利本、〔足利〕八行本作「勿」，恐非。

三十三葉九行注　四方其世世享公之德。○山井鼎《考文》：享公之德。〔古本〕下有「也」字。下註「許成王留」下同。

三十三葉九行釋文　斁。音亦。　「斁」上平有「無」字。

三十三葉九行釋文　厭。於豔反。　○阮元《校記甲》：厭。十行本作「猒」，下同。

三十三葉十一行疏　公留至公功　「留」，八作「勿」。○《定本校記》：公留至公功。「留」，〔足利〕八行本誤作「勿」。

三十三葉十四行疏　我意欲置太平。　「置」，單、八、魏、平、殿、庫作「致」。「太」，單作「大」。○山井鼎《考文》：我意欲置太平。〔宋板〕「置」作「致」。○浦鏜《正字》：我意欲置太平。「置」當「致」字誤。○盧文弨《拾補》：我意欲致太平。毛本「致」作「置」，古亦通用。○阮元《校記甲》：我意欲置太平。「置」，宋板作「致」。按：宋本是也。阮元《校記乙》同。

三十三葉十六行疏　享。謂荷負之。　「負」，十、永作「貟」。

三十四葉一行注　於汝大業之父武王。　○《定本校記》：於汝大業之父武王。燉煌本、内野本、神宮本無「之」字。

三十四葉三行注　其大厚行典常於殷賢人。　「賢」，十作「賢」。○《定本校記》：其大厚行典常於殷賢人。「人」，内野本、神宮本作「民」。

三十四葉五行注　爲周家見恭敬之王。後世所推先也。　「王」，李、纂作「主」。○阮元《校記甲》：爲周家見恭敬之王。「王」，纂傳誤作「主」。○《定本校記》：爲周家見恭敬之王，後世所推先。「先」下各本有「也」字，與疏標題不合，今從燉煌本。

三十四葉六行經　萬邦咸休。「邦」，十作「邦」。

三十四葉七行注　其當用是土中爲治。「土」，十作「土」。

三十四葉七行注　使萬國皆被美德。○《定本校記》：使萬國皆被美德。内野本、神宫本無「皆」字，清原宣賢手鈔本引家本亦無。

三十四葉八行經　答其師。「答」，石、八、李、王、纂、魏、平、岳、十、永、閩、毛、阮作「荅」。

三十四葉九行注　於御治事之臣。○《定本校記》：於御治事之臣。内野本、神宫本無「治」字，清原宣賢手鈔本引家本亦無。

三十四葉九行注　厚率行先王成業。「王」，李作「主」。○浦鏜《正字》：厚率行先王成業。「率」，監本誤作「幸」。○阮元《校記甲》：厚率行先王成業。「率」，監本誤「幸」。

三十四葉十行注　爲周家立信者之所推先。○山井鼎《考文》：之所推先。〔古本〕下有「也矣」二字。○阮元《校記甲》：爲周家立信者之所推先。古本下有「也矣」二字。

三十四葉十二行疏　今我繼文祖大業。「今」，單、八、平、殿、庫作「令」。○山井鼎《考文》：今我繼文祖大業。〔宋板〕「今」作「令」。○盧文弨《拾補》：令我繼文祖大業。毛本「令」作「今」。「今」當作「令」。○阮元《校記甲》：今我繼文祖大業。「今」，宋板作「令」，是也。阮元《校記乙》同。

三十四葉十二行疏　**又於汝大業父武王。**　「父」，十、閩作「文」。

三十四葉十二行疏　**王意以禮留我。**　「禮」，單、八、魏、永、毛、殿、庫作「此」，平作「此」，十、阮作「礼」。○阮元《校記甲》：王意以此留我。「此」，十行、閩、監俱作「禮」。

三十四葉十三行疏　**公呼成王云。少子。**　「少」，阮作「小」。

三十四葉十四行疏　**王當治理天下。**　「理」下平有「於」字。

三十四葉十四行疏　**其當用是土中爲治。**　「土」，十作「士」。

三十四葉十六行疏　**爲周家後世人臣立信者之所推先。**　「爲」，毛作「於」。○盧文弨《拾補》：爲周家後世人臣立信者之所推先。毛本「爲」作「於」。「於」當作「爲」。○阮元《校記甲》：於周家後世人臣立信者之所推先。「於」，十行、閩、監俱作「爲」。○劉承幹《校記》：爲周家後世人臣立信者之所推先。阮本「爲」作「於」。云：十行、閩、監俱作「爲」。是也。

三十四葉十七行疏　**期於上下俱顯也。**　「顯」，十作「显」。

三十四葉十八行疏　**故言王命我來。**　「命」，阮作「令」。

三十五葉二行疏　**言王之留巳乃爲祀事。**　「祀」，單、八、魏、平、十、永、閩、毛、殿、庫、阮作「此」。○浦鏜《正字》：言王之留巳乃爲此事。「此」，監本誤「祀」。

三十五葉三行疏　**王意大使我恭奉其道。**　「道」，毛作「事」。○盧文弨《拾補》：王意大使我恭奉其道。毛本「道」作「事」。「事」當作「道」。○阮元《校記甲》：王意大使我恭奉其事。「事」，十行、閩、監俱作「道」。

三十五葉三行疏　**王於文王武王。**　「文」下平無「王」字。

三十五葉四行疏　**呼成王之辭。**　「呼」，十、永作「乎」。

三十五葉五行疏　**而據洛爲政。**　○《定本校記》：而據洛爲政。「政」，疑當作「正」。

三十五葉七行疏　**與後人爲軌訓。**　「與」，十作「与」。

三十五葉八行疏　**被人恭敬推先王。戒成王使爲善政。**　「王」，單作「已」，八、平、毛作「巳」，魏作「己」。○浦鏜《正字》：被人恭敬推先巳。「巳」，監本誤「王」。○盧文弨《拾補》：巳戒成王使爲善政。「巳」，宋本作「王」，誤。案：當作「以」。○阮元《校記甲》：被人恭敬推先已。「已」，十行、閩、監俱作「王」。盧文弨云：毛本是。○阮元《校記乙》：被人恭敬推先王。閩本、明監本同。毛本「王」作「已」。盧文弨云：毛本是。

三十五葉九行疏　重以誨王。成其上事。○浦鏜《正字》：重以誨王，成其上事。「王」，監本誤「三」。

三十五葉十一行疏　公與羣臣盡誠節。「臣」，永作「目」。

三十五葉十二行疏　爲周家後世賢臣立信者之所推先也。「賢」，十作「賢」。「信」，八作「言」。

三十五葉十四行經　伻來毖殷。「毖」，殿作「毖」。

三十五葉十四行注　我所成明子法。○阮元《校記甲》：我所成明子法。「所」下纂傳有「以」字。

三十五葉十五行注　所以君土中。「君」，八、李、王、纂、魏、平、岳、毛作「居」。「土」，毛作「王」。○山井鼎《考文》：所以居王中。[正誤]「王」當作「土」。[謹按]正德、嘉、萬三本「居土中」作「君土中」。物觀《補遺》：古本、宋板作「居土中」。○浦鏜《正字》：所以居土中。「居」，監本誤「君」。「土」，毛本誤「王」。○岳本《考證》：所以居土中。「居土中」，殿本作「君土中」，閣本又作「居王中」，皆傳寫之訛。○盧文弨《拾補》：所以居土中。毛本「土」作「王」。「王」當作「土」。○阮元《校記甲》：所以居王中。「居王中」，古、岳、宋板、閩本作

「居土中」，是也。十行、葛、正德、嘉、萬俱作「君上中」，亦非。○阮元《校記乙》：所以君上中。古本、岳本、宋板、閩本「君上中」作「居土中」，是也。毛本作「居王中」，尤誤。（彙校者案：「君上中」三見，皆當作「君土中」。）

三十五葉十六行注　乃見命而安之。　○山井鼎《考文》：見命而安之。〔古本〕下有「也」字。

三十五葉十六行釋文　單。音丹。　「丹」，十作「冄」。

三十五葉十六行經　予以秬鬯二卣。　「予」，十、永、閩作「子」。

三十五葉十七行經　拜手稽首休享。　○《定本校記》：拜手稽首。内野本、神宮本云：或本無「手」字。

三十五葉十八行注　以黑黍酒二器。明潔致敬。　「黍」，八作「黍」。「潔」，八、李作「絜」，平作「絜」，永、阮作「絜」。○盧文弨《拾補》：以黑黍酒二器明絜致敬。毛本「絜」作「潔」，下並同。「潔」當作「絜」。

三十六葉一行注　既告而致政。成王留之。　○《定本校記》：既告而致政，成王留之。内野本、神宮本重「成王」二字，清原宣賢手鈔本引家本亦然。

三十六葉一行注　本說之。　「本說之」，岳作「故本而說之」。○阮元《校記甲》：本說之。岳本作「故本而説之」。沿革例曰：「本説之」三字不可曉。依疏云「故本而説之」，意始明。按：傳文多簡，疏中述傳往往增加數字以顯其意，似未可據疏以改傳。阮元《校記乙》同。

三十六葉一行釋文　毖。勑亮反。「勑」，十作「勅」。

三十六葉三行注　則潔告文武。「潔」，八、李、魏、平作「絜」，十、永、阮作「縶」。○《定本校記》：則絜告文武。「則」，燉煌本、神宮本作「即」。

三十六葉三行經　萬年厭于乃德。「年」，王作「邦」。「厭」，十、阮作「猒」。「乃」上十、永、阮無「于」字。○阮元《校記甲》：萬年厭于乃德。「厭」，唐石經、古、岳、十行、纂傳俱作「猒」。按：「厭飫」之「厭」，説文本作「猒」，今通作「厭」，别作「饜」。其誤久矣。十行本脱「于」字。○阮元《校記乙》：萬年猒乃德。唐石經、古本、岳本、纂傳「猒」下有「于」字。毛本「猒」作「厭」。案：有「于」字是也。「厭飫」之「厭」，説文本作「猒」，今通作「厭」，别作「饜」。「猒」字不誤。

三十六葉四行注　汝爲政當順典常。厚行之使有次序。「厚」上魏重「順典常」三字。○阮元《校記甲》：使有次序。「序」，纂傳作「第」。

三十六葉五行注　無有遇用患疾之道者。　「遇」，王作「過」。

三十六葉五行注　殷乃長成爲周。　「乃」上永無「殷」字。○山井定《考文》：長成爲周。〔古本〕下有「矣」字。○阮元《校記甲》：殷乃長成爲周。古本下有「矣」字。

三十六葉六行釋文　馬云。厭。飫也。　「飫」，平、十、永、阮作「飲」。

三十六葉八行注　則萬年之道。　○山井鼎《考文》：萬年之道。〔古本〕下有「也」字。

三十六葉九行注　勉使終之。　○山井鼎《考文》：勉使終之。〔古本〕「之」作「也」。○阮元《校記甲》：勉使終之。「之」，古本作「也」。

三十六葉十一行疏　我以時既太平。　「太」，毛作「大」。○盧文弨《拾補》：我以時既太平。毛本「太」作「大」。「大」當作「太」。

三十六葉十一行疏　我言曰。　「言」上平無「我」字。

三十六葉十二行疏　須明潔致敬於文武。　「潔」，單、八、平作「絜」，十、永、阮作「絷」。

三十六葉十二行疏　我則拜手稽首。　「則」上平無「我」字。

三十六葉十二行疏　我不敢經宿。　「敢」，八作「致」。○山井鼎《考文》：我不敢經宿。〔宋板〕「敢」作「致」。○阮元《校記甲》：我不敢經宿。「敢」，宋板作「致」。○《定本校記》：我不敢經宿。「敢」，〔足利〕八行本誤作「致」。

三十六葉十三行疏　無云有遇用患疾之道。　○《定本校記》：無云有遇用患疾之道。「云」字疑衍。

三十六葉十六行疏　予。斥成王。下句並告文武。　「予」，單、八、魏、平作「子」。「王」下單、八、魏、平有「言用文王之道，制爲典法，以明成王行之爲明君也。特舉文祖不言武王」二十八字。○山井鼎《考文》：予斥成王。〔宋板〕「予」作「子」。補闕 言用文王之道，制爲典法，以明成王行之爲明君也。特舉文祖不言武王。謹按「子斥成王」下，宋板有此二十八字。○浦鏜《正字》：子斥成王。「子」誤「予」。○盧文弨《拾補》：子斥文王也。言用文王之道，制爲典法，以明成王行之爲明君也。特舉文祖不言武王。毛本「子」作「予」。「予」當作「子」。「子斥文王也」下毛本脱「言用」至「武王」二十八字，據宋本補。○阮元《校記甲》：予斥成王，下句並告文武。宋板「予」作「子」。「王」下有「言用文王之道，制爲典法，以明成王行之爲明君也。特舉文祖不言武王」二十八字。阮元《校記乙》同。

三十六葉十七行疏　周公自非已意也。　「自」下單、八、魏、平有「言」字。○山井鼎《考文》：周公自非己意也。〔宋板〕「自」下有「言」字。○浦鏜《正字》：是文武使已來居此地，周公自非己意也。「非」字疑在「周公」上。○盧文弨《拾補》：周公自言非己意也。「言」字毛本脱。○阮元《校記甲》：周公自非已意也。「自」下宋板有「言」字，是。阮元《校記乙》同。

三十六葉十八行疏　欲使居土中。　「土」，十作「士」。○張鈞衡《校記》：欲使居土中。阮本「土」作「上」，誤。（彙校者案：阮本作「居土中」。）

三十七葉二行疏　是周公攝政七年致太平也。　「七」，閩作「匕」。

三十七葉二行疏　釋器云。卣。中罇也。　○浦鏜《正字》：釋器云：卣，中罇也。「罇」，爾雅作「尊」。

三十七葉三行疏　使芬香調暢。　○阮元《校記甲》：使芬香調暢。「調」，纂傳作「條」。

三十七葉三行疏　謂之秬鬯。酒二器。　「酒」上單、八、魏、平、殿、庫復有「鬯」字。○山井鼎《考文》：酒二器，明潔致敬。〔宋板〕「酒」上有「鬯」字。○盧文弨《拾補》：使芬芳調暢，謂之秬鬯。宋本重一「鬯」字，屬下句。○阮元《校記甲》：謂之秬鬯，酒二器。「酒」上宋板復有「鬯」字。○阮元《校記乙》：謂之秬鬯，酒二器。宋板「酒」上復有「鬯」字。

三十七葉三行疏　明潔致敬。　「潔」，單、八、平作「絜」，十、永、阮作「絜」。

三十七葉三行疏　國語稱精意以享謂之禋。　「國」，十作「囯」。

三十七葉四行疏　釋註云。　「註」，單、八、魏、平作「詁」。○山井鼎《考文》：釋註云。〔宋板〕「註」作「詁」。○盧文弨《拾補》：釋詁云：禋，敬也。毛本「詁」作「註」。「註」當作「詁」。○阮元《校記甲》：釋註云。「註」，宋板作「詁」。按：「註」字誤。阮元《校記乙》同。

三十七葉四行疏　是明禋爲明潔致敬也。　「潔」，單、八、平作「絜」，十、永、阮作「絜」。○物觀《補遺》：明潔。〔宋板〕「潔」作「絜」。下皆同。○阮元《校記甲》：是明禋爲明潔致敬也。「潔」，宋板作「絜」。下皆同。按：「絜」正字，「潔」俗字。阮元《校記乙》同。

三十七葉五行疏　故本而説之此事者。　○阮元《校記甲》：故本而説之此事者。按：「此事者」三字，疑有誤。阮元《校記乙》同。○《定本校記》：此事者。「此」上疑脱「説」字。

三十七葉五行疏　實之於彝。　「實」，十作「实」。

三十七葉六行疏　則未祭實之於卣。　「實」，十作「实」。

三十七葉六行疏　祭時實之於彝。　「實」，十作「实」。

三十七葉七行疏　此一告文王。　「此」，永作「比」。

三十七葉七行疏　使告其太祖。　○阮元《校記甲》：使告其太祖。「告」，纂傳作「祀」。

三十七葉八行疏　傳言我至經宿○正義曰。此申述上明禋之事。　「此」上「傳言我至經宿○正義曰」，殿、庫作「予不敢宿者」五字。

三十七葉八行疏　言我見天下太平。　「太」，八作「大」。

三十七葉八行疏　則潔告文武。　「潔」，單、八作「絜」，平作「挈」，十、永、阮作「絜」。

三十七葉九行疏　此三月營洛邑。　「洛」，平作「新」。

三十七葉十行疏　即文武。　「即」，庫作「祭」。○山井鼎《考文》：得還鎬京即文武。〔宋板〕「即」下有「告」字。○《四庫考證》：則禋于文王、武王疏，至冬始成，得還鎬京，祭文武。刊本「祭」訛「即」，今改。○《薈要》案語：祭文武。刊本「祭」訛「即」，今改。○盧文弨《拾補》：得還鎬京即告文武。「告」，毛本脱。○阮元《校記甲》：得還鎬京即文武。「即」下宋板有「告」字。是也。阮元《校記乙》同。○《定本校記》：即告文武。〔足利〕八行本如此。各本脱「告」字。

三十七葉十行疏　示虔恭之意耳。　「示」，平作「尒」。

三十七葉十一行疏　曰明禋者。　○《定本校記》：曰明禋者。「曰」，單疏本誤作「日」。

三十七葉十一行疏　告五帝太皡之屬也。　「太」，閩作「大」。「皡」，平作「皥」。

三十七葉十四行疏　厭飽於汝德。　○阮元《校記甲》：厭飽於汝德。「厭」，十行本作「猒」。下同。

三十七葉十五行疏　傳王使至終之○正義曰。上言天下民。　「上」上「傳王使至終之○正義曰」，殿、庫作「王伻殷乃承叙者」七字。

三十七葉十六行疏　當行不怠。　○浦鏜《正字》：王之子孫，當行不怠。「當」，疑「常」字誤。○阮元《校記甲》：當行不怠。浦鏜云：「當」疑「常」字誤。阮元《校記乙》同。○《定本校記》：當行不怠。浦氏云：「當」，疑「常」字誤。

三十七葉十六行疏　則民其長觀我子孫。　「其」上永無「民」字。

三十七葉十八行釋文　王在新邑。馬孔絶句。鄭讀王在新邑烝。　「王在新邑」四字王無。「王在新邑，馬孔絶句」纂作孔傳。「邑」，魏作「室」。「馬孔」，王、魏、平、殿、庫作「孔馬」。「鄭讀王在新邑烝」七字纂、魏、平、殿、庫無。○阮元《校記甲》：王在新邑，孔馬絶句。「孔馬」二字十行本、毛本俱倒。

三十八葉一行經　王命作冊。　○盧文弨《拾補》：王命作冊。毛本「冊」作「册」，非。下竝同。

三十八葉四行注　特加文武各牛。告曰。尊周公立其後爲魯侯。　「各」下八、李、王、纂、魏、平、岳、毛、殿、庫有「一」字。「曰」，岳作「白」。○山井鼎《考文》：告曰，尊周公。〔古本〕「曰」作「白」。「爲魯侯」〔古本〕下有「之也」二字。○浦鏜《正字》：特加文武各一牛，告白，尊周公云云。「白」，誤「曰」。監本脱「一」字。○盧文弨《拾補》：特加文武各一牛，告白尊周公。毛本「白」作「曰」，譌。古本作「白」，與疏合。○阮元《校記甲》：特加文武各一牛。十行、閩、葛俱脱「一」字。又：告曰，尊周公。「曰」，古、岳俱作「白」。與疏合。又：立其後爲魯侯。古本下有「之也」二字，非也。○阮元《校記乙》：特加文武各牛。閩本、葛本同。毛本「各」下有「一」字。又：告曰，尊周公。古本、葛本「曰」作「白」，與疏合。

三十八葉四行注　尊周公立其後爲魯侯。　「侯」下王有釋文「烝，之承反。騂，息營反。祝，之又反。一音之六反。」十七字，纂、魏、平、殿、庫有釋文「烝，之承反，鄭讀王在新邑烝。騂，息營反。祝，之又反。一音之六反」二十四字。「承」，魏作「丞」。「騂」，平作「騂」。○山井鼎《考文》：補脱烝，之承反〔據經典釋文〕。謹按當在「鄭讀王在新邑烝」上。又：補脱騂，息營反。祝，之又反，一音之六反〔據經典釋文〕。謹按經：騂牛。又云：逸祝册。

三十八葉五行注　殺牲精意以享文武。　○《定本校記》：殺牲精意以享文武。内野本、神宮本無「以」字，清原宣賢手鈔本引家本亦無。

三十八葉六行注　皆至其廟親告也。　「至」，永作「室」。

三十八葉六行注　太室清廟。　「太」，李作「大」。

三十八葉六行釋文　王賔絶句。殺禋絶句一讀。連咸格絶句。太室。馬云廟中之夾室。祼。官喚反。　「太」，庫作「大」。「王賔絶句」至「夾室」二十四字纂作孔傳。

三十八葉八行注　使史逸誥伯禽封命之書。　○《定本校記》：使史逸誥伯禽封命之書。注疏本如此。内野本，神宫本無「書」字，清原宣賢手鈔本引家本亦無。燉煌本初與注疏本同，後改「之書」二字作「也」。

三十八葉十行注　大安文武受命之事。　「大」，王作「太」。

三十八葉十行注　自戊辰巳下。　「巳」，八、李、王、纂、魏、平、岳作「以」。

三十八葉十二行注　史所終述。　○山井鼎《考文》：史所終述。〔古本〕下有「也」字。

三十八葉十二行釋文　受命絶句。馬同。惟七年。周公攝政七年。天下太平。馬同。鄭云。文王武王受命。及周公居攝。皆七年。　上「受」字上王、魏、平、岳、殿、庫有「誕保文武」四字。「攝政七年」，永作「攝政匕年」。「周公居攝」上王無「及」字。「受命絶句」至「皆七年」三十七字釋文纂作孔傳。○物觀《補遺》：周公攝政。〔經典釋文〕無「周公」二字。

○阮元《校記甲》：惟七年。攝政七年。「攝」上十行本、毛本俱有「周公」二字。

三十八葉十三行疏　成王既受言誥之。○浦鏜《正字》：周公歸政，成王既受言誥之。「言」、「之」字誤衍。從續通解校。○盧文弨《拾補》：周公歸政，成王既受言誥之，王即東行赴洛。浦云「言」字、「之」字皆衍，續通解無。文弨案：「既受言誥之王」六字，似當作「王既受周公之誥」。○阮元《校記甲》：既受言誥之。浦鏜據儀禮續通解挍云「言」、「之」二字衍。阮元《校記乙》同。○《定本校記》：既受言誥之。疑當作「既受周公之誥」。

三十八葉十四行疏　其月節。「月」下永無「節」字。○張鈞衡《校記》：烝祭其月。阮本「月」下有「節」字。○《定本校記》：其月節，是周之歲首。「節」，疑當作「即」。

三十八葉十五行疏　王命有司作策書。「王」，十、永、閩作「正」。

三十八葉十六行疏　王入廟之太室。「太」，阮作「大」。

三十八葉十八行疏　又摠述之。「摠」，毛、殿、庫作「總」。

三十八葉十八行疏　惟攝政七年矣。「七」，閩作「匕」。

三十九葉一行疏　成王至晦到。「到」，平作「王」。

三十九葉一行疏　周公告成王令居洛邑爲治。「告」，單、八、魏、平、毛作「誥」。

三十九葉二行疏　**指言戊辰王在新邑。**　○《定本校記》：指言戊辰王在新邑。「指」，疑當作「直」。

三十九葉二行疏　**以算術計之。**　「算」，永作「筭」。○阮元《校記甲》：以算術計之。「計」，纂傳作「推」。

三十九葉三行疏　**四月甲戌朔小。**　「戌」，單、八、魏、平、十、永、閩、庫作「戍」。

三十九葉三行疏　**八月壬申朔小。**　「朔」下永無「小」字。

三十九葉五行疏　**傳明月至魯侯○正義曰。下云在十有二月者。**　「下云」上「傳明月至魯侯○正義曰」，殿、庫作「明月夏之仲冬者」七字。

三十九葉五行疏　**故明日即是夏之仲冬。**　○《定本校記》：故明日即是夏之仲冬。「日」，疑當作「月」。

三十九葉七行疏　**故曰烝祭歲也。**　「烝」，魏作「丞」。

三十九葉九行疏　**必賜爵禄於太廟。**　「太」，平作「大」。

三十九葉九行疏　**宗廟用太牢。**　「太」，阮作「大」。「牢」，永作「窂」。

三十九葉十一行疏　**俾侯于魯。**　「于」，阮作「於」。

三十九葉十一行疏　是此時也。　「時」，十作「特」。

三十九葉十一行疏　讀策告神謂之祝。　「祝」，永作「祝」。

三十九葉十二行疏　歲文王騂牛一者。　「文」下永無「王」字。

三十九葉十二行疏　於是成王元年。　「於」，單、八、魏、平、永、殿、庫、阮作「歲」。○物觀《補遺》：於是成王。〔宋板〕「於」作「歲」。○盧文弨《拾補》：歲是成王元年。毛本「歲」作「於」。「於」當作「歲」。○阮元《校記甲》：於是成王元年。「於」，宋板、十行俱作「歲」。

按：「於」字誤。

三十九葉十四行疏　特以二牛告文武。　「牛」，八作「年」。○物觀《補遺》：以二牛告文武。〔宋板〕「牛」作「年」。○阮元《校記甲》：特以二牛告文武。「牛」，宋板作「年」，是也。阮元《校記乙》同。○汪文臺《識語》：特以二牛告文武。宋板「牛」作「年」，是也。宋板非。案：鄭注云：「歲是成王元年正月朔日，特告文武。」疏述鄭意，不得以爲二年也。○《定本校記》：特以二牛告文武。「牛」，〔足利〕八行本誤「年」。

三十九葉十四行疏　正義曰。　「正」，十作「王」。

三十九葉十五行疏　精誠其意以享祭文武。　「誠」，十作「成」。

三十九葉十七行疏　中央曰太室。　「央」，八作「夬」。「太」，魏作「大」。

三十九葉十七行疏　故王入太室祼獻鬯酒以告神也。　「太」，十作「大」。

三十九葉十八行疏　王以圭瓚酌鬱鬯之酒。　「王」，毛作「玉」。「瓚」，十作「賛」。

三十九葉十八行疏　既灌然後迎牲。　「迎」，平作「之」。

四十葉一行疏　殺者咸格。　○《定本校記》：殺者咸格。「者」字，王氏鳴盛改作「禋」，是也。

四十葉一行疏　其王入太室祼。　「太」，平作「大」。

四十葉二行疏　祭統賜臣爵禄之法。示祭之日一獻。君降立于阼階之南。南鄉。所命者北面。　「示」，單、八、魏、平、十、永、阮作「云」。○山井鼎《考文》：祭統賜臣爵禄之法示。〔宋板〕「示」作「云」。○浦鏜《正字》：祭統賜臣爵禄之法，云祭之日云云，所命者北面。「云」誤「亦」(示)。「者」字祭統無。○盧文弨《拾補》：祭統賜臣爵禄之法，云祭之日云云，所命者。毛本上「云」作「示」。「示」當作「云」。郊特牲本無「者」字。○阮元《校記甲》：示祭之日。「示」，宋板、十行俱作「云」，是也。

四十葉三行疏　一酳尸也。禮酳尸。　「酳」，平作「酳」。下「尸」字，魏作「户」。

四十葉四行疏　是祭末乃命之。　「末」，十作「未」。

四十葉九行疏　死以爲周公主。　「以」，庫作「則」。

四十葉十行疏　故安於此揔結之。　「安」，單、八、魏、平、永、毛、殿、庫、阮作「史」。「揔」，毛、殿、庫作「總」。○殿本《考證》：故史於此總結之。「史」字監本訛「安」，今改正。○浦鏜《正字》：故史于此總結之。「史」，監本誤「安」。○阮元《校記甲》：故史於此總結之。「史」，監本誤作「安」。

四十葉十行疏　自戊辰已下。　「下」上殿、庫無「已」字。

四十葉十一行疏　故辨之云史所終述也。　「云」下永無「史」字。

尚書註疏卷第十六　漢孔氏傳　唐孔穎達疏

皇明朝列大夫國子監祭酒臣田一儁

奉訓大夫司經局洗馬管司業事臣盛訥等奉

勑重校刊

多士第十六

周書

成周既成。傳洛陽下都。遷殷頑民。傳殷大夫士心不則德義之經。故徙近王都。教誨之。○不則如字。或作測非。近附近之近。周公以王命誥。傳稱成王命告令之。作多士。

萬曆十五年刊

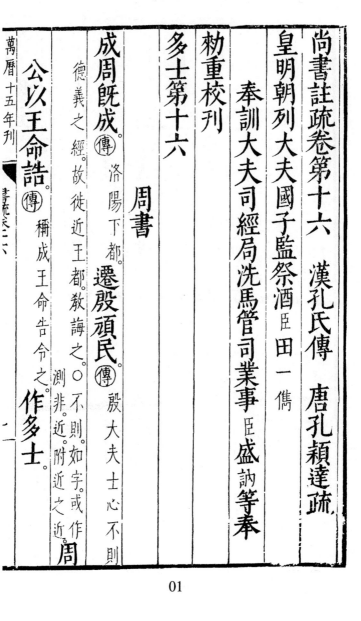

多士

傳 所告者卽衆士。故以名篇。疏 成周至多士○正義曰。成周之邑既成。乃遷殷之頑民。令居此邑。頑民謂殷之大夫士從武庚叛者。以其無知謂之頑民。民性安土重遷。或有怨恨。周公以成王之命誥此衆士。言其須遷之意。史敘其事作多士。○傳洛陽下都。○正義曰。周之成周。於漢爲洛陽也。洛邑爲王都。故謂此爲下都。遷殷頑民以成周道。故名此邑爲成周。○傳殷大至誨之。○正義曰。經云商王士。殷遺多士。皆非在官。謂之頑民。知是殷之大夫士也。經止云士而知有大夫者。以經云。迪簡在王庭。有服在百僚。其意言將任爲王官。以爲大臣。不惟告士而已。故知有大夫也。士者在官之揔號。故言士也。心不則德義之經。僖二十四年左傳文。引之以解釋頑民之意。經云。移爾遐逖。比事臣我宗多遜。是言從近王都敎誨之也。漢書地理志。及賈逵注。左傳。皆以爲遷邶鄘之民於成周。分衛民爲三國。計二國俱是從叛。何以獨遷邶鄘。邶鄘在殷畿三分有二。其民衆矣。非一邑能容。民謂之爲士。其名不類。故孔意不然。

惟三月。周公初于新邑洛。用告商王士。傳周公致政明年三月。始於新邑洛。用王命告商王之衆士。疏惟三月至王士。○正義曰。惟成王即政之明年三月。周公初始於所造新邑之洛。用成王之命。告商王之衆士。言周公親至成周。告新來者。○傳周公至衆士。○正義曰。以洛誥之文。成周與洛邑同時成也。王以周公攝政七年十二月來至新邑。明年即政。此篇繼王居洛之後。故知是致政明年之三月也。成周南臨洛水。故云新邑洛。周公既以致政在王都。故新邑成周以成王之命告商王之衆士。鄭云。成王元年三月。周公自王城初往成周之邑。用成王命。告殷之衆士以撫安之是也。**王若曰。爾殷遺多士。**傳

萬曆十五年刊

順其事稱以告殷遺餘衆士。所順在下。弗弔旻天大降喪于殷。傳稱天以愍下。言愍道至者。殷道不至。故旻天下喪亡於殷。○弔音的。旻天上閔巾反。仁覆愍下謂之旻。馬云。秋月旻天。秋氣殺也。方言降喪。故稱旻天也。愍眉隕反。喪息浪反。我有周佑命將天明威。傳言我有周受天佑助之命。故得奉天明威。致王罰勑殷命終于帝。傳天命周致王者之誅罰。正黜殷命。終周於帝王。肆爾多士非我小國敢弋殷命。傳天佑我。故安衆士臣服我。弋。取也。非我敢取殷王命。乃天命。○弋。徐音翼。馬本作翼。義同。惟天不畀允罔固亂弼我我其敢求位。

傳惟天不與。言無堅固治者。故輔佑我。我其敢求天位乎。○治。直吏反。畀。必利反。下同。**惟帝不畀。惟我下民秉爲。惟天明畏。**傳惟天不與紂。惟我周家下民。秉心爲我。皆是天明德可畏之效。○爲。于僞反。畏。如字。一音威。疏王若至明畏○正義曰。周公以王命順其事而呼之曰。汝殷家遺餘之衆士。汝殷家道教不至。旻天以殷道不至之故。天下喪亡於殷。將欲滅殷。我有周受天祐助之命。奉天明白之威。致王者之誅罰。正黜殷命。終我周家於帝王之事。謂使我周家代殷爲天子也。天既助我周王。故汝衆士來爲我臣。由天助我。我得爲之。非我小國敢取殷之王命。以爲已有。此乃天與我。惟天不與信無堅固於治者。以是故輔弼我。若其不然。我其敢妄求天子之位乎。言此位天自與我。非我求而得之。惟天不與紂。故惟我周家下民。秉心爲我。故我得之。惟天明德可畏之効也。亦既得喪由天。汝等不得不服。以殷士未服。故以天命黜之。○傳順其至在下。○正義曰。順其殷亡之事。稱王命以告之。從紂之臣。或有身已死者。遺餘在者。遷於成周。故告殷遺餘衆士。所順在下。下文皆是順之辭。○傳稱天至於殷。○正義曰。此經先言弗弔。謂殷道不至也。不至者。上不至天。事天不以道。下不至民。撫民不以理也。天有多言。獨言旻天者。旻愍也。稱天以愍下。言天之所愍。愍道至者也。殷道不至。故旻天下喪亡於殷。言將覆滅之。○傳天命至帝王○正義曰。天命周致王者之誅罰。謂奉上天之命。殺無道之王。此乃王者之事。故爲王者之誅罰。勑。訓正也。正黜殷命。謂殺去虐紂。使周受其終事。是終周於帝王。終。猶舜受堯終。言殷祚終而歸於周。○傳天佑至天命。○正義曰。肆。訓故也。直云故爾多士。辭無所結。此經大意。敘其去殷事周。知其故爾衆上。言其臣服我。弋。射也。射而取之。故弋爲取也。鄭玄王肅本弋作翼。王亦云。翼。取也。鄭云。翼。猶驅也。非我周敢驅取汝殷之王命。雖訓爲驅。亦爲取義。周本殷之諸侯。故周公自稱小國。**我聞曰上帝引逸。有夏不適逸。則惟帝降格。**傳言上天欲民長逸樂。有夏桀爲政不之逸樂。故天下至戒以譴告之。○樂音洛。下同。譴棄戰反。**嚮于時夏弗克庸帝。大淫泆有辭。**傳天下至戒是嚮於時夏。不背棄桀。不能用天戒。大爲過逸之行。有惡辭聞於世。○時夏絕句。馬以時字絕句。嚮許亮反。泆音逸。又作佾。註同。馬本作屑。云過也。背音佩。行下孟反。**惟時天罔念聞厥惟廢元命降致罰。**傳惟是桀惡有辭。故天無所念聞。言不佑。其惟廢其大命。下致天罰。**乃命爾先祖成湯革夏俊民甸四方。**傳天命湯更代夏。用其賢人治四方。○旬，徒遍反。疏我聞至四方○正義曰。既言天之劾驗去惡與善。更追說往事。比而喻之。我聞人有言曰。上天之情。欲民長得逸樂。而有夏王桀逆天害民。不得使民之適逸樂。以此則惟上天下災異至戒以譴告之。欲使夏王桀覺悟。改惡爲善。是天歸嚮於是夏家不背棄之。而夏桀不能用天之明戒。改悔已惡。而反大爲過逸之行。致有惡辭。以聞於世。惟是桀有惡辭。故天無復愛念。無復聽聞。言天不復助桀。其惟廢其大命。欲絕夏祚也。下致天罰。欲誅桀身也。乃命汝先祖成湯。使之改革夏命。用其賢俊之人以治四方之國。舉桀滅湯興以譬之。○傳言上至告之○正義曰。襄十四年左傳稱天之愛民甚矣。又曰天生民而立之君。使司牧之。是言上天欲民長得逸樂。故立君養之。使之長逸樂也。夏桀爲政。割剝夏邑。使民不得之適逸樂。故上天下此至戒以譴告之。降。下。格。至也。直言下至。明是天下至戒。天所下戒。惟下災異以譴告人主。使之見災而懼。改脩德政耳。古書亡失。桀之災異未得盡聞。○傳惟是至天罰。○正義曰。桀惡流毒於民。乃有惡辭聞於世。惡既有辭。是惡已成矣。惟是桀惡有辭。故天無所念聞。言天不愛念不聽聞。是其全棄之不佑助也。棄而不佑。則當更求賢主。其惟廢大命。欲奪其王位也。下致天罰。欲殺其凶身也。廢大命。知降致是下罰也。**自成湯至于帝乙罔不明德恤祀。**傳自帝乙以上。無不顯用有德。憂念齊敬奉其祭祀。言能保宗廟社稷。○上時掌反。齊側皆反。**亦惟天丕建保乂有殷。殷王亦罔敢失帝。罔不配天其澤。**傳湯既革夏。亦惟天大立安治於殷。殷家諸王。皆能憂念祭祀。無敢失天道者。故無不配天布其德澤。**在今後嗣王誕罔顯于天。矧曰其有聽念于先王勤家。**傳後嗣王紂。大無明于天道。行昏虐。天且忽之。況曰其有聽念先祖勤勞國家之事乎。誕淫厥泆。罔顧于天顯民祇。傳 言紂大過其過。無顧於天。無能明人爲敬。暴亂甚。惟時上帝不保。降若茲大喪。傳 惟是紂惡。天不安之。故下若此大喪亡之誅。○喪。息浪反。惟天不畀不明厥德。凡四方小大邦喪。罔非有辭于罰。傳 惟天不與不明其德者。故凡四方小大國喪滅。無非有辭於天所罰。言皆有闇亂之辭。疏 自成至于罰。○正義曰。既言命湯革夏。又說後世皆賢。至紂始惡。天乃滅之。自成湯至於帝乙。無不顯用有德。憂念祭祀。後世亦賢。非獨成湯以用其行合天意。亦惟天大立安治有殷。殷家諸王。皆能明德憂祀。亦無敢失天道者。無不皆配天而布其德澤。以此得天下久爲民主。在今後嗣王紂。大無明於天道。敢行昏虐之政於天。天猶且忽之。況曰其有聽念先王父祖勤勞國家之事乎。乃復大淫過其泆。無所顧於上天。無能明民爲敬。以此反於先王。違逆天道。惟是上天不安紂之所爲。下若此大喪亡之誅。惟天不與不明其德之人故也。天不與惡。豈獨紂乎。凡四方諸侯小大邦國其喪滅者。無非皆有惡辭。是以致至於天罰。汝紂以惡而見滅。汝何以不服我也。○傳自帝至社稷○正義曰。下篇說中宗高宗祖甲三王以外。其後立王。生則逸豫。亦罔或能壽。如彼文。則帝乙以上。非無辟王。而此言無不顯用有德憂念祭祀者。立文之法。辭有抑揚。方說紂之不善。盛言前世皆賢。正以守位不失。故得美而言之。憂念祭祀者。惟有齊肅恭敬。故言憂念齊敬。奉其祭祀。言能保宗廟社稷。爲天下之主。以見紂不恭敬。故喪亡之。○傳湯既至德澤○正義曰。帝乙已上諸王。所以長處天位者。皆由湯之聖德延及後人。湯既革夏。亦惟天大立安治於殷者。謂天安治之。故殷家得治理也。殷家諸王。自成湯之後。皆能憂念祭祀。無敢失天道者。故得常處王位。無不配天布其德澤於民。爲天之子。是配天也。號令於民。是布德也。○傳言紂至亂甚○正義曰。淫。泆。俱訓爲過。言紂大過其過。無顧於天。言其縱心爲惡。不畏天也。無能明民爲敬。言其多行虐政。不憂民也。不畏於天。不愛於民。言其暴亂甚也。此經顧於天。與顯民祇。共蒙上罔文。故傳再言無也。○傳惟天至之辭○正義曰。能明其德。天乃與之。惟天不與不明其德者。紂不明其德。故天喪之。因即廣言天意。凡四方小大邦國。謂諸侯有土之君。其爲天所喪滅者。無非皆其惡辭聞於天。乃爲上天所罰。言被天罰者。皆有闇亂之辭。上天不罰無辜。紂有闇亂之辭。故天滅之耳。天既滅不明其德。我有明德。爲天所立。汝等殷士安得不服我乎。以其心仍不服。故以天道責之。王若曰。

爾殷多士。今惟我周王丕靈承帝事。傳周王。文武也。

大神奉天事。言明德恤祀。有命曰割殷。告勑于帝。傳天有命。命周割絶殷命。告正於天。謂既克紂。柴於牧野。告天不頓兵傷士。惟我事不貳適。惟爾王家我適。傳言天下事。已之我。周矣不貳之他。惟汝殷王家已之我。不復有變。○復，扶又反。予其曰惟爾洪無度。我不爾動自乃邑。傳我其曰惟汝大無法度。謂紂無道。我不先動誅汝。亂從汝邑起。言自召禍。予亦念天即于殷大戾肆不正。傳我亦念天就於殷大罪而加誅者。故以紂不能正身念法。疏王若至不正○正義曰。周公又稱王順而言曰。汝殷衆士。

今惟我周家。文武二王。大神能奉天事。故天有命。命我周王曰。當割絕殷命。告正於天。我受天命。已滅殷告天。惟我天下之事。不有二處之適。言已之適周。不更適他也。惟汝殷王家事。亦於我之適。不復變改。又追說初伐紂之事。我其爲汝言曰。惟汝殷紂。大無法度。故當宜誅絕之。伐紂之時。我不先於汝動。自往誅汝。其亂從汝邑先起。汝紂自召禍耳。我亦念天所以就於殷致大罪者。故以紂不能正身念法故也。○傳周王至恤祀。○正義曰。文王受命。武王伐紂。故知周王兼文武也。大神奉天事。謂以天爲神。而勤奉事之。勞身敬神。言亦如湯明德恤祀也。○傳天有至傷士○正義曰。以周王奉天之故。故天有命。命我周使割絕殷命。告正於天。謂武成之篇。所云。既克紂。柴於牧野。告天不頓兵傷士是也。前敵卽服。故無頓兵傷士。師以正行。故爲告正。武成正告功成。功成無害。卽是不頓傷也。頓兵者。昭十五年左傳文。頓。折也。○傳我亦至念法○正義曰。言我亦念天者。以紂雖無法度。若使天不命我。我亦不往誅紂。以紂既爲大惡。上天命我。我亦念天所遣。我就殷加大罪者何故。以紂不能正身念法也。**王曰猷告爾多士。予惟時其遷居西爾。**（傳）以道告汝衆士。我惟汝未達德義。是以徙居西汝於洛邑教誨汝。**非我一人奉德不康寧。時惟天命。**（傳）我徙汝。非我天子奉德不能使民安之。是惟天命宜然。**無違朕不敢有後無我怨。**（傳）汝無違命。我亦不敢有後誅。汝無怨我。**惟爾知惟殷先人有冊有典殷革夏命。**（傳）言汝所親知。殷先世有冊書典籍。說殷改夏王命之意。**今爾又曰夏迪簡在王庭有服在百僚。**（傳）簡大也。今汝又曰夏之衆士蹈道者。大在殷王庭。有服職在百官。言見任用。**予一人惟聽用德。肆予敢求爾于天邑商。**（傳）言我周亦法殷家。惟聽用有德。故我敢求汝於天邑商。將任用之。**予惟率肆矜爾。非予罪。時惟天命。**（傳）惟我循殷故事憐愍汝。故徙教汝。非我罪咎。是惟天命。

［疏］王曰猷至天命○正義曰：又言曰。我以道告汝衆士。我惟是以汝未達德義之故。其今徙居西汝。置於洛邑。以教誨汝。我之徙汝。非我一人奉行德義。不能使民安而安之。是惟天命宜然。汝無違我。我亦不敢更有後誅罰。汝等無於我見怨。汝既來遷。當爲善事。惟汝所親知。惟汝殷先人往世。有策書。有典籍。說殷改夏王命之意。汝當案省知之。汝知先人之故事。今往又有言曰。夏之諸臣蹈道者。大在殷王之庭。有服行職事。在於百官。言其見任

用。恐我不任汝。我一人惟聽用有德之者。故我敢求汝有德之人於彼天邑商都。欲取賢而任用之。我惟循殷故事憐愍汝。故徙教汝。此徙非我有罪。是惟天命當然。聖人動合天心。故每事惟託天命也。○傳以道至誨汝。○正義曰。猷訓道也。故云以道告汝衆士。上言惟是。不言其故。故傳辯之。惟是者。未達德義也。遷使居西。正欲教以德義。是以徙居西汝置於洛邑。近於京師教誨汝也。從殷適洛。南行而西迴。故爲居西也。○傳汝無至怨我。○正義曰。周既伐紂。又誅武庚。殷士懼更有誅。疑其欲違上命。故設此言以戒之。知無違朕者。謂戒之使汝無違命也。汝能用命。我亦不敢有後誅。必無後誅。汝無怨我也。○傳言我至用之。○正義曰。夏人簡在王庭。爲其有德見用。言我亦法殷家惟聽用有德。汝但有德。我必任用。故我往前敢求汝有德之人於天邑商都。將任用之也。鄭玄云。言天邑商者。亦本天之所建。王肅云。言商今爲我之天邑。二者其言雖異。皆以天邑商爲殷之舊都。言未遷之時。當求往。遷後。有德任用之必矣。○傳惟我至

萬曆十五年刊　尚書注疏卷十六　七

天命。○正義曰：循殷故事，此故解經中肆字，謂殷用夏人，我亦用殷人，憐愍汝，故徙之教汝。此故解義之言，非經中肆。遷汝來西者，非我罪咎，是惟天命也。

王曰：多士，昔朕來自奄，予大降爾四國民命。傳 昔我來從奄，謂先誅三監，後伐奄淮夷。民命，謂君也。大下汝民命，謂誅四國君。**我乃明致天罰，移爾遐逖，比事臣我宗多遜。**傳 四國君叛逆，我下其命，乃所以明致天罰。今移徙汝於洛邑，使汝遠於惡俗。比近臣我宗周，多爲順道。○逖，他力反。比，毗志反。註同。遠，于萬反。

疏 王曰多士至多遜。○正義曰：王復言曰：衆士，昔我來從奄國，大黜下汝管蔡商奄四國民命。民之性命死生在君，誅殺其君，是下民命。由四國叛逆，我乃明白致行天罰，汝等遺餘當教之爲善。故移徙汝居於遠。令汝遠於惡俗。比近服事。臣我宗周。多爲順道。冀汝相教爲善。亦不爲惡也。○傳昔我至國君○正義曰。金縢之篇。說周公東征。言居東二年。罪人斯得。則昔我來從奄者。謂攝政三年時也。於時王不親行。而王言我來自奄者。周公以王命誅四國。周公師還。亦是王來還也。一舉而誅四國。獨言來自奄者。謂先誅三監。後伐奄與淮夷。奄誅在後。誅奄卽來。故言來自奄也。民以君爲命。故民命謂君也。大下汝民命。謂誅四國君。王肅云。君爲民命。爲君不能順民意。故誅之也。○傳四國至順道○正義曰。天之所罰。罰有罪也。四國之君。有叛逆之罪。我下其命。乃所以明致天罰。言非苟爲之也。遐逖俱訓爲遠。令移徙汝於洛邑。令去本鄉遠也。使汝遠於惡俗。令去惡俗遠也。比近京師。臣我周家。使汝從我善化。多爲順道。所以救汝之性命也。

王曰。告爾殷多士。今予惟不爾殺。予惟時命有申。傳所以徙汝。是我不欲殺汝。故惟是教命申戒之。今朕作大邑于茲洛。予惟四方罔攸賓。傳 今我作此洛邑。以待四方。無有遠近。無所賓外。○賓。如字。徐音殯。馬云。卻也。亦惟爾多士攸服奔走臣我多遜。傳 非但待四方。亦惟汝衆士。所當服行奔走臣我。多爲順事。爾乃尚有爾土。爾乃尚寧幹止。傳 汝多爲順事。乃庶幾還有汝本土。乃庶幾安汝故事止居。以反所生誘之。爾克敬。天惟畀矜爾。傳 汝能敬行順事。則爲天所與。爲天所憐。爾不克敬。爾不啻不有爾土。予亦致天之罰于爾躬。傳 汝不能敬順。其罰深重。不但不得還本土而已。我亦致天罰於汝身。言刑殺。○啻。始豉反。徐本作翅。音同。下篇放此。

今爾惟時宅爾邑。繼爾居。爾厥有幹有年。于茲洛。傳 令汝惟是敬順居汝邑。繼汝所當居爲。則汝其有安事。有豐年。於此洛邑。言由洛脩善。得還本土。有幹有年。

爾小子乃興從爾遷。傳 汝能敬。則子孫乃起從汝化而遷善。

疏 王曰告至爾遷○正義曰。王又言曰。告汝殷之多士。所以遠徙汝者。今我惟不欲於汝刑殺。我惟是教命有所申戒由此也。今我作大邑於此洛。非但爲我。惟以待四方無所賓外。亦惟爲汝衆士所當服行臣事。我宗周多爲順事故也。汝若多爲順事。汝乃庶幾還有汝本土。乃庶幾安汝故事止居。可不勉之也。汝能敬行順事。天惟與汝憐汝。況於人乎。汝若不能敬行順事。則汝不啻不得還汝本土。我亦致天之罰於汝身。今汝惟是敬順。居汝所受新邑。繼汝舊日所居爲。我當聽汝還歸本鄉。有幹事。有豐年。乃由於此洛邑行善也。汝能敬順。則汝之小子與孫等。乃起從汝化而遷善矣。○傳今汝至有年。○正義曰。殷士遠離本鄉。新來此邑。或當居不安。爲棄舊業。故戒之。今汝惟是敬順。居汝新所受邑。繼汝舊日所當居爲。謂繼其本土之事業也。但能如此。得還本土。其有安事有豐年也。有幹有年。謂歸本土有幹年。而言於洛者。言由在洛脩善。得還本土有幹有年也。王肅云。汝其有安事有長久年於此洛邑。王解於文甚便。但孔上句爲云。爾乃尚有爾本土。是誘引之辭。故止爲得還本土有幹有年也。

王曰又曰時予乃或言爾攸居（傳）言汝衆士當是我。勿非我也。我乃有教誨之言。則汝所當居行。（疏）王曰又至攸居○正義曰。王之所云。又復稱曰。汝當是我。勿非我也。我乃有教誨之言。則汝所當居行也。○傳言汝至居行○正義曰王以誨之已終故戒之云汝當是我勿非我既不非我我乃有教誨汝之言則汝所當居行令其居於心而行用之鄭玄論語註云或之言有此亦或爲有也凡言王曰皆是史官錄辭非王語也今史錄稱王之言曰以前事未終故言又曰也

無逸第十七

周書

周公作無逸傳中人之性好逸豫故戒以無逸○好呼報反

無逸傳成王即位恐其逸豫故以所戒名篇疏傳中人至無逸○正義曰上智不肯爲非下愚戒之無益故中人之性可上可下不能勉强多好逸豫故周公作書以戒之使無逸此雖指戒成王以爲人之大法成王以聖賢輔之當在中人以

上。其實本性亦中人耳。○傳成王至名篇○正義曰。篇之次第。以先後爲序。多士、君奭皆是成王卽位之初。知此篇是成王始初卽政。周公恐其逸豫。故戒之使無逸。卽以所戒名篇也。

周公曰。嗚呼。君子所其無逸。傳歎美君子之道。所在念德其無逸豫。君子且猶然。况王者乎。先知稼穡之艱難。乃逸。則知小人之依。傳稼穡農夫之艱難事。先知之。乃謀逸豫。則知小人之所依怙。相小人厥父母勤勞稼穡。厥子乃不知稼穡之艱難。傳視小人不孝者。其父母躬勤艱難。而子乃不知其勞。○相。息亮反。乃逸乃諺。既誕。否則侮厥父母曰。昔之人無聞知。傳小人之子。既不知父母之勞。力爲逸豫遊戲。乃叛諺不恭。已欺誕父母。不欺。則輕侮其父母。曰古老之人。無所聞知。○諺。魚戰反。

【疏】周公至聞知○正義曰。周公歎美君子之道以戒王曰。嗚呼。君子之人。所在其無逸豫。君子必先知農人稼穡之艱難。然後乃謀爲逸豫。如是則知小人之所依怙也。視彼小人不孝者。其父母勤勞稼穡。其子乃不知稼穡之艱難。乃爲逸豫遊戲。乃叛諺不恭。既爲欺誕父母矣。不欺。則又侮慢其父母曰。昔之人無所聞知。小人與君子如此相反。王宜知其事也。○【傳】歎美至者乎○正義曰。周公意重其事。故歎而爲言。鄭云。嗚呼者。將戒成王。欲求以深感動之。是欲深感成王。故歎美君子之道。君子者。言其可以君正上位。子愛下民。有德則稱之。不限貴賤。君子之人。念德不息。故所在念德。其無逸豫也。君子且猶然。而況王者乎。言王者。日有萬幾。彌復不可逸豫。鄭云。君子。止謂在官長者。所猶處也。君子處位爲政。其無自逸豫也。○傳稼穡至依怙○正義曰。民之性命。在於穀食。田作雖苦。不得不爲寒耕熱耘。沾體塗足。是稼穡爲農夫艱難之事。在上位者。先知稼穡之艱難。乃可謀其逸豫。使家給人足。乃得思慮不勞。是爲謀逸豫也。能知稼穡之艱難。則知小人之所依怙。言小人依怙此稼穡之事。不可不勤勞也。上句言君子當無逸。此言乃謀逸豫者。君子之事。勞心與形。盤于遊畋。形之逸也。無爲而治。心之逸也。君子無形逸而有心逸。既知稼穡之艱難。可以謀心逸也。○傳視小人至其勞○正義曰。視小人不孝者。其父母勤苦艱難。勞於稼穡。成於生業。致富以遺之。而其子謂已自然得之。乃不知其父母勤勞。○傳小人至聞知○正義曰。上言視小人之身。此言小人之子者。小人。謂無知之人。亦是賤者之稱。躬爲稼穡。是賤者之事。故言小人之子。謂賤者之子。即上所視之小人也。此子既不知父母之勞。謂已自然得富。恃其家富。乃爲逸豫遊戲。乃爲叛諺不恭。已是欺誕父母矣。若不欺誕。則輕侮其父母。曰古老之人。無所聞知。言其罪之深也。論語曰。由也諺。諺則叛諺。欺誕不恭之貌。旹訓久也。自今而道遠久。故為古老之人。詩云。召彼故老。

周公曰。嗚呼。我聞曰。昔在殷王中宗。傳 太戊也。殷家中世尊其德。故稱宗。

嚴恭寅畏天命自度。傳 言太戊嚴恪恭敬。畏天命。用法度。○嚴。如字。又魚檢反。注同。馬作儼。

治民祗懼。不敢荒寧。傳 為政敬身畏懼。不敢荒怠自安。○治。直吏反。

肆中宗之享國七十有五年。傳 以敬畏之故。得壽考之福。

疏 周公至五年。○正義曰。既言君子不逸。小人反之。更舉前代之王。以夭壽為戒。周公曰。嗚呼。我所聞曰。昔在殷王中宗。威儀嚴恪。貌恭心敬。畏天命。用法度。治民敬身畏懼。不敢荒怠自安。故中宗之享有殷國。七十有五年。言不逸之故。而得歷年長也。○傳 太戊至稱宗。○正義曰。中宗。廟號。

太戊。王名。商自成湯已後。政教漸衰。至此王而中興之。王者祖有功。宗有德。殷家中世尊其德。其廟不毀。故稱中宗。○傳言太至法度。○正義曰。祭義云。嚴威儼恪。故引恪配嚴。鄭玄云。恭在貌。敬在心。然則嚴是威。恭是貌。敬是心。三者各異。故累言之。**其在高宗時。舊勞于外。爰暨小人。**（傳）武丁。其父小乙。使之久居民間。勞是稼穡。與小人出入同事。**作其即位。乃或亮陰。三年不言。**（傳）武丁起其即王位。則小乙死。乃有信默。三年不言。言孝行著。○行。下孟反。**其惟不言。言乃雍。不敢荒寧。**（傳）在喪。則其惟不言。喪畢發言。則天下和。亦法中宗。不敢荒怠自安。**嘉靖殷邦。至于小大。無時或怨。**（傳）善謀殷國。至于小大之政。人無是有怨者。言無非。

肆高宗之享國五十有九年。

傳 高宗爲政。小大無怨。故亦享國永年。

疏 其在至九年○正義曰。其殷王高宗父在之時。久勞於外。於時與小人同其事。後爲太子。起其卽王之位。乃有信默。三年不言。在喪。其惟不言。喪畢發言。言得其道。乃天下大和。不敢荒怠自安。善謀殷國。至於小大之政。莫不得所。其時之人。無是有怨恨之者。故高宗之享殷國。五十有九年。亦言不逸得長壽也。○傳武丁其至同事○正義曰。舊。久也。在卽位之前。而言久勞於外。知是其父小乙使之久居民閒。勞是稼穡。與小人出入。同爲農役。小人之艱難事也。太子使與小人同勞。此乃非常之事。不可以非常怪之。於時蓋未爲太子也。殷道雖質。不可旣爲太子。更得與小人雜居也。○傳武丁起至行著○正義曰。以上言久勞於外。爲父在時事。故言起其卽王位。則小乙死也。亮。信也。陰。默也。三年不言。以舊無功而今有故。言乃有說此事者。言其孝行著也。禮記喪服四制引書云。高宗諒闇。三年不言。善之也。王者莫不行此禮。何以獨善之也。曰。高宗者。武丁。武丁者。殷之賢王也。繼世卽位而慈良於喪。當此之時。殷衰而復興。禮廢而復起。故載之於書中而高之。故謂之高宗。三年之喪。君不言也。是說此經不言之意也。○傳在喪至自安○正義曰。鄭玄云。其不言之時。時有所言。則羣臣皆和諧。鄭玄意謂此言乃雍者。在三年之內。時有所言也。孔意則爲出言在三年之外。故云在喪其惟不言。喪畢發言則天下大和。知者。說命云。王宅憂亮陰三祀。既免喪。其惟不言。除喪猶尚不言。在喪必無言矣。故知喪畢乃發言也。高宗不敢荒寧。與中宗正同。故云亦法中宗。不敢荒怠自安。殷家之王。皆是明王。所爲善事。計應略同。但古文辭有差異。傳因其文同。故言法中宗也。○傳善謀至無非○正義曰。釋詁云。嘉。善也。靖。謀也。善謀殷國。謀爲政教。故至於小大之政。皆允人意。人無是有怨高宗者。言其政無非也。鄭云。小大。謂萬人。上及羣臣。言人臣小大。皆無怨王也。其在祖甲不義惟王舊爲小人。傳湯孫太甲爲王不義。久爲小人之行。伊尹放之桐。作其卽位爰知小人之依能保惠于庶民不敢侮鰥寡。傳在桐三年思集用光。起就王位。於是知小人之所依。依仁政。故能安順於衆民。不敢侮慢惸獨。○惸。求營反。字又作煢。肆祖甲之享國。三十有三年。傳太甲亦以知小人之依。故得久年。此以德優劣。立年多少爲先後。故祖甲在下。殷家亦祖其功。故稱祖。疏其在至三年。○正義曰。其在殷王祖甲。初遭祖喪。所言行不義。惟亦爲王。久爲小人之行。伊尹廢諸桐。起其卽王之位。於是知小人之所依。依於仁政。乃能安順於衆民。不敢侮鰥寡惸獨。故祖甲之享有殷國。三十有三年。亦言不逸得長壽也。○傳湯孫至之桐○正義曰。以文在高宗之下。世次顛倒。故特辯之。此祖甲是湯孫太甲也。爲王不義。謂湯初崩。久爲小人之行。故伊尹放之於桐。言其廢而復興。爲下作其卽位起本也。王肅亦以祖甲爲太甲。鄭玄云。祖甲。武丁子帝甲也。有兄祖庚賢。武丁欲廢兄立弟。祖甲以此爲不義。逃於人間。故云久爲小人。案殷本紀云。武丁崩。子祖庚立。祖庚崩。弟祖甲立。是爲帝甲。帝甲淫亂。殷道復衰。國語說殷事云。帝甲亂之。七代而殞。則帝甲是淫亂之主。起亡殷之源。寧當與二宗齊名。舉之以戒無逸。武丁賢王。祖庚復賢。以武丁之明。無容廢長立少。祖庚之賢。誰所傳說。武丁廢子。事出何書。妄造此語。是負武丁而誣祖甲也。○傳在桐至惸獨○正義曰。在桐三年。太甲序文。思集用光。詩大雅文。彼集作輯。輯。和也。彼鄭言公劉之遷豳。思在和其民人。用光大其道。此傳之意。蓋言太甲之在桐也。思得安集其身。用光顯王政。故起卽王位。於是知小人之依。依於仁政。故能施行政教。安順於衆民。不敢侮慢。惸獨鰥寡之類。尤可憐愍。故特言之。○傳太甲至稱祖。○正義曰。傳於中宗云。以敬畏之故。得壽考之福。高宗之爲政。小大無怨。故亦享國永年。於此云太甲亦以知小人之依。故得久年。各順其文而爲之說。其言行善而得長壽。經意三王同也。以其世次顛倒。故解之云。此以德優劣。立年多少爲先後。故祖甲在太戊武丁之下。諸書皆言太甲。此言祖甲者。殷家亦祖其功。故稱之祖甲。與二宗爲類。惟見此篇。必言祖其功。亦未知其然。殷之先君有祖乙。祖辛。祖丁。稱祖多矣。或可號之爲祖。未必祖其功而存其廟也。

自時厥後立王生則逸。傳從是三王。各承其後而立者。生則逸豫無度。**生則逸。不知稼穡之艱難。**傳言與小人之子同其敝。**不聞小人之勞。惟耽樂之從。**傳過樂謂之耽。惟樂之從。言荒淫。○耽。丁南反。注下同。樂音洛。注下同。自時厥後。亦罔或克壽。傳 以耽樂之故。從是其後。亦無有能壽考。或十年。或七八年。或五六年。或四三年。傳 高者十年。下者三年。言逸樂之損壽。疏 自時至三年。○正義曰。從是三王。其後所立之王。生則逸豫。不知稼穡之艱難。不聞小人之勞苦。惟耽樂之事。則從而爲之。故從是其後。諸王無有能壽考者。或十年。或七八年。或五六年。或四三年。言逸樂之損壽。故舉以戒成王也。

周公曰。嗚呼。厥亦惟我周太王王季克自抑畏。傳 太王。周公曾祖。王季。即祖。言皆能以義自抑畏。敬天命。將說文王。故本其父祖。

文王卑服。即康功田功。傳 文王節儉。卑其衣服。以就其安人之功。以就田功。以知稼穡之艱難。○甲，如字。馬本作俾。俾，使也。**徽柔懿恭，懷保小民，惠鮮鰥寡。**傳以美道和民，故民懷之；以美政恭民，故民安之。又加惠鮮乏鰥寡之人。○鮮，息淺反，注同。**自朝至于日中昃，不遑暇食，用咸和萬民。**傳從朝至日昳不暇食，思慮政事，用皆和萬民。○昃，音側，本亦作仄。昳，田節反。**文王不敢盤于遊田，以庶邦惟正之供。**傳文王不敢樂於遊逸田獵，以衆國所取法則，當以正道供待之故。○供，音恭。**文王受命惟中身，厥享國五十年。**傳文王九十七而終。中身即位時年四十七，言中身，舉全數。疏「周公」至「十年」。○正義曰：殷之三王。既如此矣。周公又言曰。嗚呼。其惟我周家太王王季。能以義自抑。而畏敬天命。故王迹從此起也。文王又卑薄衣服。以就其安人之功。與治田之功。以美道柔和其民。以美政恭待其民。以此民歸之。以美政恭民之故。故小民安之。又加恩惠於鮮乏鰥寡之人。其行之也。自朝旦至于日中及昃。尚不遑暇食。用善政以諧和萬民故也。文王專心於政。不敢逸樂於遊戲畋獵。以已爲衆國所取法。惟當正心行已。以供待之。由是文王受命。嗣位爲君。惟於中身受之。其享國五十年。亦以不逸得長壽也。○傳太王至父祖。○正義曰。太王。周公曾祖。王季即祖也。此乃經傳明文。而須詳言之者。此二王之下。辭無所結。陳此不爲無逸。周公將說文王。故本其父祖。是以傳詳言也。解其言此之意。以義自抑者。言其非無此心。以義自抑而不爲耳。○傳文王至艱難。○正義曰。文王卑其衣服。以就安人之功。言儉於身而厚於人也。立君所以牧人。安人之功。諸有美政皆是也。就安人之內。田功最急。故特云田功。以示知稼穡之艱難也。○傳以美至之人。○正義曰。徽懿皆訓爲美。徽柔懿恭。此是施人之事。以此柔恭懷安小民。故傳分而配之。徽柔配懷。以美道和民。故民懷之。懿恭配保。以美政恭民。故民安之。徽懿言其美而已。不知何所美也。人君施於民。惟有道與政耳。故傳以美道美政言之。政與道亦互相通也。少乏鮮寡。尤是可憐。故別言加惠於鮮乏鰥寡之人也。○傳從朝至萬民。○正義曰。昭五年左傳云。日上其中。食日爲二。旦日爲三。則人之常食。在日中之前。謂辰時也。易豐卦彖曰。日中則昃。謂過中而斜昃也。昃亦名昳。言日蹉跌而下。謂未時也。故日之十位。食時爲辰。日昳爲未。言文王勤於政事。從朝不食。或至於日中。或至於日昃。猶不暇食。故經中昃並言之。傳舉晚時。故惟言昳。遑亦暇也。重言之者。古人自有複語。猶云艱難也。所以不暇食者。爲思慮政事。用皆和萬民。政事雖多。皆是爲民。故言咸。咸訓皆也。○傳文王至之故。○正義曰。釋詁云。盤樂也。遊謂遊逸。田謂畋獵。二者不同。故並云遊逸田獵。以衆國皆於文王所取其法則。文王當以正義供待之故也。言

萬曆十五年刊

文王思爲政道。以待衆國。故不敢樂於遊田。文王世爲西伯。故當爲衆國所取法則。禮有田獵而不敢者。順時蒐狩。不爲取樂。故不敢非時田獵以爲樂耳。○傳文王至全數○正義曰。文王年九十七而終。禮記文王世子文也。於九十七内減享國五十年。是未立之前有四十七。在禮。諸侯踰年即位。此據代父之年。故爲即位時年四十七也。計九十七年半折以爲中身。則四十七時於身非中。言中身者。舉全數而稱之也。經言受命者。鄭玄云。受殷王嗣位之命。然殷之末世。政教已衰。諸侯嗣位。何以皆待王命。受先君之命亦可也。王肅云。文王受命。嗣位爲君。不言受王命也。

周公曰。嗚呼繼自今嗣王。傳繼從今已往。嗣世之王皆戒之。**則其無淫于觀。于逸。于遊。于田。以萬民惟正之供。**傳所以無敢過於觀遊逸豫田獵者。用萬民當惟正身以供待之故。**無皇**

曰今日耽樂。乃非民攸訓。非天攸若。時人丕則有愆。傳無敢自暇曰惟今日樂。後日止。夫耽樂者。乃非所以教民。非所以順天。是人則大有過矣。○愆起虔反。夫音扶。無若殷王受之迷亂。酗于酒德哉。傳以酒爲凶謂之酗。言紂心迷政亂。以酗酒爲德。戒嗣王無如之。○酗況付反。

疏周公至德哉○正義曰。周公又言而歎曰。嗚呼。繼此後世。自今以後嗣位之王。則其無得過於觀望。過於逸豫。過於遊戲。過於田獵。所以不得然者。以萬民聽王者之教命。王當正己身以供待萬民。必當早夜恪勤。無敢自閑暇曰。今日且樂。後日乃止。此爲耽樂者。非民之所以教訓也。非天之所以敬順也。若是之人。則有大愆過矣。王當自勤政事。莫如殷王受之迷亂國政。酗醟於酒德哉。殷紂藉酒爲凶。以酒爲德。

由是喪亡殷國。王當以紂爲戒。無得如之。○傳繼從至戒之。○正義曰。先言繼者。謂繼此後人。即從今以後嗣世之王也。周公思及長遠。後王盡皆戒之。非獨成王也。○傳所以至之故。○正義曰。傳意訓淫爲過。鄭玄云。淫。放恣也。淫者侵淫不止。其言雖殊。皆是過之義也。言觀爲非時而行違禮觀物。如春秋隱公如棠觀魚。莊公如齊觀社。穀梁傳曰。常事曰視。非常曰觀。此言無淫于觀。禁其非常觀也。逸謂逸豫。遊謂遊蕩。田謂田獵。四者皆異。故每事言於。以訓用也。用萬民皆聽王命。王者惟當正身待之。故不得淫於觀逸遊田也。○傳無敢至過矣。○正義曰。無敢自暇。謂事不寬不暇。而以爲原王之意而爲辭。故言曰耽以爲樂。惟今日樂而後日止。惟言今日樂。明知後日止也。夫耽樂者。乃非所以教民。教民當恪勤也。非所以順天。順天當肅恭也。是此耽樂之人。則大有愆過矣。戒王不得如此也。○傳以酒至如之。○正義曰。酗從酒。以凶爲聲。是酗爲凶酒之名。故以酒爲凶謂之酗。酗是飲酒而益凶也。言紂心迷亂。以酗酒爲德。飲酒爲政心以凶酒爲已德紂以此亡殷戒嗣王無如之周公曰嗚呼我聞曰古之人猶胥訓告胥保惠胥教誨傳歎古之君臣雖君明臣良猶相道告相安順相教誨以義方民無或胥譸張爲幻傳譸張誑也君臣以道相正故下民無有相欺誑幻惑也○幻音患誑九況反此厥不聽人乃訓之乃變亂先王之正刑至于小大傳此其不聽中正之君人乃教之以非法乃變亂先王之正法至于小大無不變亂言已有以致之民否則厥心違怨否則厥口詛祝傳以君變亂正法故民否則其心違怨否則其口詛

萬曆十五年刊

祝。言皆患其上。○詛，側助反。祝，之又反。【疏】周公至詛祝。○正義曰：周公言而歎曰：我聞人之言曰：古人之雖君明臣良，猶尚相訓告以善道，相安順以美政，相教誨以義方。君臣相正如此，故於時之民，順從上教，無有相誑欺爲幻惑者。此其不聽中正之君，人乃教訓之以非法之事，乃從其言，變亂先王之正法，至於小大之事，無不皆變亂之。君既變亂如此，其時之民疾苦，否則其心違上怨上，否則其口詛祝之，言人患之無已。舉此以戒成王，使之君臣相與養下民也。○傳歎古至義方。○正義曰：此章二事，善惡相反。下句不聽人者，是愚闇之君，知此言古之人者，是賢明之君。相是兩人相與，故知兼有臣良，更相教告。隱三年左傳石碏曰：臣聞愛子教之以義方。故知相教誨者，使相教誨以義方也。則知相訓告者，告之以善道也。相保惠者，相安順以美政也。○傳譸張至惑也。○正義曰：譸張，誑也。釋訓文。孫炎曰：眩惑誑欺人也。民之從上，若影之隨形。君臣以道相正，故下民無有相欺誑幻惑者。幻即眩也，惑亂之名。

漢書稱西域有幻人是也。○傳此其至致之。○正義曰。上言善事。此說惡事如此。其不聽者。是不聽中正之君也。既不聽中正。則好聽邪佞。知此。則訓之者。是邪佞之人訓之也。邪佞之人。必反正道。故言人乃教之以非法。闇君卽受用之。變亂先王之正法。至於小大無不變亂。言皆變亂正法盡也。闇君所任同已。由已之闇。致此佞人。言此闇君。已身有以致之也。上君明臣良。由君明而有良臣。亦是已有致上之。言胥。此不言者。君任佞臣。國亡滅矣。不待相教爲惡。故不言胥也。○傳以君至其上。○正義曰。君既變亂正法。必將困苦下民。民不堪命。忿恨必起。故民忿君。乃有二事。否則心違怨。否則口詛祝。言皆患上而爲此也。違怨。謂違其命而怨其身。詛祝。謂告神明令加殃咎也。以言告神謂之祝。請神加殃謂之詛。襄十七年左傳曰。宋國區區而有詛有祝。詩曰。侯詛侯祝。是詛祝意小異耳。

周公曰。嗚呼。自殷王中宗。及高宗。及祖甲。及我周文王。茲四人迪哲。傳言此四人皆蹈智明德以臨下。厥或告之曰小人怨汝詈汝。則皇自敬德。傳 其有告之言小人怨詈汝者。則大自敬德。增脩善政。○詈力智反。厥愆曰朕之愆。允若時。不啻不敢含怒。傳 其人有過。則曰我過。百姓有過。在予一人。信如是怨詈。則四王不啻不敢含怒以罪之。言常和悅。疏 周公至含怒○正義曰。既言明君闇君。善惡相反。更述二者之行。周公言而歎曰。嗚呼。自殷王中宗。及高宗。及祖甲。及我周文王。此四人者。皆蹈明智之道。以臨下民。其有告之曰。小人怨恨汝。罵詈汝。既聞此言。則大自敬德。更增脩善政。其民有過。則曰是我之過。民信有如是怨詈。則不啻不敢含怒以罪彼人。乃欲得數聞此言。以自改悔。言寬弘之若是。○傳 其有至善政○正義曰。釋詁云。皇。

大也。故傳言大自敬德者。謂增脩善政也。鄭玄以皇爲暇。言寛暇自敬。王肅本皇作況。況滋益用敬德也。○傳其人至和悅○正義曰。或告之曰。小人怨汝詈汝。其言有虛有實。其言若虛。則民之愆也。民有愆過。則曰我過。不責彼爲虛言。而引過歸己者。湯所云百姓有過。在予一人。故若信有如是怨詈。小人聞之。則含怒以罪彼人。此四王卽不啻不敢含怒以罪彼人。乃自願言其愆。言其顔色常和悅也。鄭玄云。不但不敢含怒。乃欲屢聞之。以知己政得失之源也。

此厥不聽人乃或譸張爲幻。曰小人怨汝詈汝則信之。傳此其不聽中正之君。有人誑惑之。言小人怨憾詛詈汝。則信受之。○憾。胡暗反。

則若時不永念厥辟。不寛綽厥心。傳則如是信讒者。不長念其爲君之道。不寛緩其心。言含怒。

亂罰無罪殺

無辜怨有同是叢于厥身。傳 信讒含怒。罰殺無罪。則天下同怨讎之。叢聚於其身。○叢，才公反。疏 此厥至厥身○正義曰。此其不聽中正之人。乃有欺誑爲幻惑以告之曰。小人怨汝詈汝。不原其本情。則信受之。則知是信讒者。不長念其爲君之道。不審虛實。不能寬緩其心。而徑即含怒於人。是亂其正法。罰無罪。殺無辜。罰殺欲以止怨。乃令人怨益甚。天下之民有同怨君。令怨惡聚於其身。言褊急使民之怨若是。教成王勿學此也。○傳則如至含怒。○正義曰。君人者。察獄必審其虛實。然後加罪。不長念其爲君之道。謂不審察虛實也。不寬緩其心。言徑即含怒也。王肅讀辟爲辟。扶亦反。不長念其刑辟。不當加無罪也。周公曰。嗚呼。

嗣王其監于茲。傳 視此亂罰之禍以爲戒。

君奭第十八

周書

召公爲保，周公爲師，相成王爲左右。○保，太保也。師，太師也。馬云：保氏、師氏，皆大夫官。相，音息亮反。左右，馬云：分陝爲二伯，東爲左，西爲右。召公不說，周公作

君奭。

君奭 傳 尊之曰君。奭，名。同姓也。陳古以告之，故以名篇。○說，音悅。奭，始亦反。疏 召公至君奭。○正義曰：成王卽政之初，召公爲保，周公爲師，輔相成王爲左右大臣。召公以周公嘗攝王之政，今復在臣位，其意不說，周公陳己意以告召公。史敘其事，作君奭之篇也。周官篇云：立太師、太傅、太保，茲惟三公。則此爲保、爲師，亦爲三公官也。此實太師、太保，而不言太者，意在師法保安王身，言其實爲左右爾，不爲舉其官名，故

不言太也。經傳皆言武王之時。太公爲太師。此言周公爲師。蓋太公薨。命周公代之。於時太傅。蓋畢公爲之。於此無事。不須見也。三公之次。先師後保。此序先言保者。篇之所作。主爲召公。不說。故先言召公。不以官位爲次也。案經。周公之言。皆說已留在王朝之意。則召公不說周公之留也。故鄭王皆云。周公既攝王政。不宜復列於臣職故不說。然則召公大賢。豈不知周公留意而不說者。以周公留在臣職。當時人皆怪之。故欲開道周公之言。以解世人之惑。召公疑之作君奭。非不知也。史記燕世家云。成王既幼。周公攝政。當國踐阼。召公疑之。作君奭。此篇是致政之後。言留輔成王之意。其文甚明。馬遷妄爲說爾。鄭玄不見周官之篇。言此師保爲周禮師氏保氏大夫之職。言賢聖兼此官。亦謬矣。○傳尊之至名篇○正義曰。周公呼爲君奭。是周公尊之曰君也。奭是其名。君非名也。僖二十四年左傳。富辰言文王之子。一十六國。無名奭者。則召公必非文王之子。燕世家云。召公奭與周同姓姬氏。譙周曰。周之支族。譙周考校古史。不能知其所出。皇甫謐云。原公名豐。是其一也。是爲文王之子。一十六國。然文王之子。本無定數。幷原豐爲一。當召公於中。以爲十六。謬矣。此篇多言先世有大臣輔政。是陳古道以告之。呼君奭以告之。故以君奭名篇。

周公若曰君奭。（傳）順古道呼其名而告之。**弗弔天降喪于殷。殷既墜厥命。我有周既受。**（傳）言殷道不至。故天下喪亡於殷。殷已墜失其王命。我有周道至已受之。○弔。音的。**我不敢知曰厥基永孚于休。若天棐忱。**（傳）廢興之跡。亦君所知。言殷家其始長信於美道。順天輔誠。

所以國也。○棐，音匪。忱，市林反。**我亦不敢知曰其終出于不祥。**

傳 言殷紂其終墜厥命，以出於不善之故，亦君所知。

周公至不祥○正義曰：周公留在王朝，召公不說。

疏 周公爲師，順古道而呼曰：君奭，殷道以不至之故，故天下喪亡於殷。殷既墜失其王命，我有周已受之矣。今雖受命，貴在能終。若不能終，與殷無異。故視殷以爲監戒。我不敢獨知，殷家其初始之時，能長信於美道，能安順於上天之道，輔其誠信，所以有國。此亦君之所知。我亦不敢獨知曰殷紂其終墜失其王命，由出於不善之故，亦君所知也。○傳廢興至以國○正義曰：孔以召誥云我不敢知者，其意召公言我不敢獨知，亦王所知，則此言我不敢知，亦是周公言我不敢獨知，是君奭所知，故以此及下句爲說殷之興亡。言與君奭同知，舉其殷興亡爲戒。鄭玄亦然也。

嗚呼！君已曰時我，我亦不敢寧于上帝命。 傳 歎而言曰君也。當是我之留。我亦不敢安于上天之命。故不敢不留。○已，音以。**弗永遠念天威，曰我民罔尤違。**〔傳〕言君不長遠念天之威，而動化於我民，使無過違之闕。**惟人在我後嗣子孫，大弗克恭上下，遏佚前人光在家不知。**〔傳〕惟衆人共存在我後嗣子孫，若大不能恭承天地，絶失先王光大之道，我老在家，則不得知。○遏，於葛反。**天命不易，天難諶，乃其墜命，弗克經歷。**〔傳〕天命不易，天難信，無德者乃其墜失王命，不能經久歷遠，不可不慎。○易，以豉反，注同。諶，氏壬反。**嗣前人恭明德，在今予小子**

旦。傳繼先王之大業。恭奉其明德。正在我今小子旦。言異於餘臣。非克有正迪惟前人光。施于我沖子。傳我留非能有改正。但欲蹈行先王光大之道。施政于我童子。童子成王。

疏「嗚呼」至「沖子」○正義曰。周公又歎而呼召公曰。嗚呼。君已。已辭也。既歎乃復言曰。君當是我之留。勿非我也。我亦不敢安於上天之命。故不敢不留。君何不長遠念天之威罰。禍福難量。當勤敎於我下民。使無尤過違法之闕。惟今天下衆人。共誠心存在我後嗣子孫。觀其政之善惡。若此嗣王。大不能恭承上天下地。絶失先王光大之道。令使衆人失望。我若退老在家。則不能得知。何得不留輔王也。天命不易。言甚難也。天難信。惡則去之。不常在一家。是難信也。天子若不稱天意。乃墜失其王命。不能經久歷遠。其事可不慎乎。繼嗣前人先王之大業。恭奉其明德也。正在今我小子旦。周

公自言已身當恭奉其先王之明德。留輔佐王。非能
有所改正。但欲蹈行先王光大之道。施政於我童子。
童子謂成王。意欲奉行先王之事。以教成王也。○傳
歎而至不留○正義曰。歎而言曰。嗚呼。君已。已是引
聲之辭。既呼君奭。歎而引聲。乃復言曰。君當是我之
留。以其意不說。故令是我而勿非我。我不敢安於上
天之命。孔意當謂。天既命周。
我當成就周道。故不敢不留。**又曰天不可信我道惟**
寧王德延。傳 無德去之。是天不可信。故我以道惟安
寧王之德。謀欲延久。**天不庸釋于文王受命。**傳 言天
不用令釋廢於文王所受命。故我留佐成王。疏 又曰至受
命○正義曰。周公又言曰。天不可信。無德則去之。是
其不可信也。天難信之。故恐其去我周家。故我以道。
惟安行寧王之德。謀欲延長之。我原上天之意。不用
令廢於文王所受命。若嗣王失德。則還廢之。故我當

留佐成王也。○傳無德至延久。○正義曰。此經言又曰。傳不明解。鄭云人又云。則鄭玄以此又曰。爲周公稱人之言也。王肅云。重言天不可信。明己之留。蓋畏其天命。則肅意以周公重言。故稱又曰。孔雖不解。當與王肅意同。言寧王者即文王也。鄭王亦同。公曰君奭我聞在昔成湯既受命。傳已放桀受命爲天子。時則有若伊尹格于皇天。傳尹摯佐湯。功至大天。謂致太平。○摯音至。在太甲時則有若保衡。傳太甲繼湯。時則有如此伊尹爲保衡。言天下所取安。所取平。在太戊。傳太甲之孫。時則有若伊陟臣扈格于上帝巫咸乂王家。傳伊陟臣扈。率伊尹之職。使其君不隕祖業。故至天之功不隕。巫咸治王家。言不及二臣。○暝于敏反。在祖乙時則有若巫賢。傳祖乙。殷家亦祖其功。時賢臣有如此巫賢。賢。咸子巫氏。在武丁時則有若甘盤。傳高宗即位。甘盤佐之。後有傅說。○說音悅。疏公曰君奭至甘盤○正義曰。言時有若者。言當其時。有如此人也。指謂如此伊尹甘盤。非謂別有如此人也。以湯是殷之始王。故言在昔。既受命。見其爲天子也。以下在太甲。在武丁。亦言其爲天子之時。有如此臣也。成湯未爲天子已得伊尹。言既受命者。以功格皇天在受命之後。故言既受命也。皇天之與上帝。俱是天也。變其文爾。其功至於天帝。謂致太平而天下和之也。保衡伊尹。一人也。異時而別號。伊尹之下。已言格于皇天。保衡之下。不言格于皇天。從可知也。伊陟臣扈。言格于上帝。則其時亦致太平。故與伊尹文異而事同。巫咸巫賢甘盤。蓋功劣於彼三人。故無格天之言。○傳尹摯至太平○正義曰伊尹名摯諸子傳記多有其文功至大天猶堯格于上下知其謂致太平也○傳太甲至取平○正義曰據太甲之篇及諸子傳記太甲大臣惟有伊尹知卽保衡也說命云昔先正保衡作我先王佑我烈祖格于皇天商頌那祀成湯稱爲烈祖烈祖湯之號言保衡佐湯明保衡卽是伊尹也詩稱實維阿衡實左右商王鄭玄云阿倚衡平也伊尹湯所依倚而取平至太甲改曰保衡保安也言天下所取安所取平此皆三公之官當時爲之號也孔以太甲云嗣王不惠於阿衡則太甲亦曰阿衡與鄭異也○傳太甲之孫○正義曰史記殷本紀云太甲崩子沃丁立崩弟太庚立崩子小甲立崩弟雍已立崩弟太戊立是太戊爲太甲之孫太庚之子三代表云小甲太庚弟雍已太戊又是小甲弟則太戊亦是沃丁弟太甲子本紀世表俱出馬遷必有一誤孔於咸乂序傳云太戊沃丁弟之子是太戊爲太甲之孫也○傳伊陟至二臣○正義曰伊尹格于皇天此伊陟臣扈云格于上帝其事既同如此二臣能率循伊尹

之職。輔佐其君。使其君不隕祖業。故至天之功亦不隕墜也。夏社序云。湯旣勝夏。欲遷其社。不可。作夏社疑至臣扈。則湯初有臣扈。已爲大臣矣。不得至今仍在與伊尹之子同時立功。葢二人名同。或兩字一誤也。案春秋。范武子光輔五君。或臣扈事湯。而又事太戊也。格于上帝之下。乃言巫咸乂王家。則巫咸亦是賢臣。俱能紹治王家之事而已。其功不得至天。言不及彼二臣。○傳祖乙至巫氏○正義曰。殷本紀云。中宗崩。子仲丁立。崩。弟外壬立。崩。弟河亶甲立。崩。子祖乙立。則祖乙是太戊之孫也。孔以其人稱祖。故云殷家亦祖其功。賢是咸子。相傳云然。父子俱稱爲巫。知巫爲氏也。○傳高祖至傳說○正義曰。說命篇高宗云。台小子舊學于甘盤。旣乃遯於荒野。高宗未立之前。已有甘盤。免喪不言。乃求傳說。明其卽位之初。有甘盤佐之。甘盤卒後有傳說。計傳說當有大功。此惟數六人。不言傳說者。周公意所不言。未知其故。

率惟茲有陳。保乂有殷。故殷禮陟配天。多歷年所。傳言伊尹至甘盤六臣佐其君。循惟此道。有陳列之功。以安治有殷。故殷禮能升配天。享國長久。多歷年所。

天惟純佑命。則商實百姓。傳殷禮配天。惟天大佑助其王命。使商家百姓豐實。皆知禮節。

疏率惟至百姓○正義曰。此伊尹甘盤六臣等輔佐其君。率循此爲臣之道。有陳列之功。以安治有殷。故殷有安上治民之禮。升配上天。享國多歷年之次所。天惟大佑助其爲王之命。則使商家富實百姓。爲令使商之百姓。家給人足。皆知禮節也。○傳言伊至年所○正義曰。率。訓循也。說賢臣佐君云。循惟此道。當謂循此爲臣之道。盡忠竭力。以輔其君。故有陳列於世。以安治有殷。使殷王得安治民。故殷得此安上治民之禮。能升配上天。天在人上。故謂之升爲天之子是配也。享國久長。多歷年所。○傳殷禮至禮節○正義曰。殷能以禮配天。故天降福。天惟大佑助其王命。風雨以時。年穀豐稔。使商家百姓豐實。家給人足。管子曰。衣食足。知榮辱。倉廩實。知禮節。

王人罔不秉德明恤。小臣屏侯甸。（傳）自湯至武丁。其王人無不持德立業。明憂其小臣。使得其人。以爲蕃屏侯甸之服。小臣且憂得人。則大臣可知。○屏。賓領反。

矧咸奔走。惟茲惟德稱。用乂厥辟。（傳）王猶秉德憂臣。況臣下得不皆奔走惟王此事。惟有德者舉。用治其君事。○辟。必亦反。

故一人有事于四方。若卜筮。罔不是孚。

（傳）一人。天子也。君臣務德。故有事於四方。而天下化服。如卜筮無不是而信之。［疏］王人至是孚。○正義曰。王人。謂與人爲王。言此上所說成湯。太甲。太戊。祖乙。武丁。皆王人也。無不持德立業。明憂小臣。雖則小臣。亦憂使得其賢人。以蕃屏侯甸之服。王恐臣之不賢。尚以爲憂。況在臣下得不皆勤勞奔走。惟憂王此求賢之事。惟求有德者舉之。用治其君之事乎。君臣共求其有德。所在職事皆治。天子一人有事於四方。天下咸化而服。如有卜筮之驗。無不是而信之。賢臣助君。致使大治。我留不去。亦當如此也。○傳自湯至可知。○正義曰。王肅云。王人。猶君人也。無不持德立業。謂持人君之德。立王者之事業。人君之德在官賢人。官得其人。則事業立。故傳以立業配持德。明憂小臣之不賢。憂欲使得其人。以爲蕃屏侯甸之服也。小臣且憂得人。則大臣憂之可知。侯甸尚思得其人。朝廷思之必矣。王肅云。小臣。臣之微者。舉小以明大也。○傳王猶至君事。○正義曰。君之所重。莫重於求賢。官之所急。莫急於得人。故此章所陳。惟言君憂得人。臣皆舉賢。以王之尊。猶尚秉德憂臣。況其臣下。得不皆奔走惟王此求賢之事。惟有德者必舉之置於官位。用治其君事也。○傳一人至信之。○正義曰：禮，天子自稱曰予一人，故爲天子也。君臣務求有德，衆官得其人，從上至下，遞相師法，職無大小，莫不治理。故天子有事於四方，發號出令，而天下化服。譬如卜筮，無不是而信之，事既有驗，言如是則人皆信之。

公曰：君奭，天壽平格，保乂有殷，有殷嗣天滅威。傳 言天壽有平至之君，故安治有殷。有殷嗣子紂不能平至，天滅亡加之以威。

今汝永念，則有固命，厥亂明我新造邦。傳 今汝長念平至者安治，反是者滅亡，以爲法戒，則有堅固王命，其治理足以明我新成國矣。

疏 公曰君奭天至造邦。○正義曰：周公呼召公曰：君奭，皇天賦命，壽此有平至之君。言有德者必壽考也。殷之先王有平至之德，故能安治有殷，言故得安治也。有殷嗣子紂不能平至，故天滅

亡而加之以威。今汝顛當長念天道平至者安治。不
平至者滅亡。以此爲法戒。則有堅固王命。其治理足
以明我新成國矣。○傳言天至以威。○正義曰。格。訓
至也。平。謂政教均平。至。謂道有所至也。言不弔。謂道
有不至者。此言格。謂道至者。天壽有平至之君。有平
至之德。則天與之長壽。則知中宗高宗之屬身是也。
由其君有平至之德。故能安治有殷。言有殷國安而
民治也。有殷嗣子紂。其德不能平至。國不安。民不治。
故天滅亡之。而加之以威也。孔傳之意。此經專說君
之善惡。其言不及臣也。王肅以爲兼言君臣。注云殷
君臣之有德。故安治有殷。言是者。不可不法殷家有
良臣也。鄭注以爲傳言臣事。格謂至於天也。與孔不
同。○傳今汝至國矣。○正義曰。上句言善者與而惡
者亡。此句令其長安治。及念明道。念上二者。故言令
汝長念平至者而安治。反是者滅亡。念此以爲法戒。
則有堅固王命。王族必不傾壞。若能如此。其治理足
以光明我新成國矣。周自武王伐紂。至此年歲未多。
對殷而言。故爲新國。傳意言不及臣。周公說此事者。

蓋言興滅由人。我欲輔王。使爲平至之君。公曰。君奭。在昔上帝割申勸寧王之德。其集大命于厥躬。傳在昔上天。割制其義。重勸文王之德。故能成其大命於其身。謂勤德以受命。○重。直用反。惟文王尚克修和我有夏。亦惟有若虢叔。有若閎夭。傳文王庶幾能修政化。以和我所有諸夏。亦惟賢臣之助爲治。有如此虢。閎氏。虢國。叔字。文王弟。夭名。○虢。寡白反。徐公伯反。閎。音宏。夭。於表反。徐於驕反。有若散宜生。有若泰顛。有若南宮括。傳散、泰、南宮皆氏。宜生、顛、括皆名。凡五臣。佐文王爲胥附奔走先後禦侮之任。疏公曰君奭至厥躬○正義曰。公呼召公曰。君奭。在昔上天。斷割其義。重勸文王之德。以文王有德。勸勉使之成功。故文王能成大命於其身。言文王能順天之意。勤德以受命。○傳在昔至受命。○正義曰。文王去此未久。但欲遠本天意。故云在昔上天。作久遠言之。割制。謂切割絕斷之意。故云割制其義。重勸文王之德者。文王既已有德。上天佑助。而重勸勉文王順天之意。故其能成大命於其身。正謂勤行德義。以受天命。○傳文王至天名。○正義曰。文王未定天下。庶幾能修政化。以和我所有諸夏。謂三分有二。屬已之諸國也。僖五年左傳云。虢仲虢叔。王季之穆也。是虢叔爲文王之弟。虢國名。叔字。凡言人之名氏。皆上氏下名。故閎散泰南宮皆氏。夭宜生顛括。皆名也。○傳散泰至之任○正義曰。詩緜之卒章。稱文王有疏附先後奔奏禦侮之臣。毛傳云。率下親上曰疏附。相道前後曰先後。喻德宣譽曰奔奏。武臣折衝曰禦侮。鄭箋云。疏附使疏者親也。奔奏使人歸趨之。詩言文王有此四種之臣。經歷言五臣之名。故知五臣佐文王爲此任也。此四事者。五臣共爲此任。非一臣當一事也。鄭云。不及吕望者。太師教文王以大德。周公謙不可以自比。

又曰無能往來茲迪彝教文王蔑德降于國人。傳 有五賢臣。猶曰其少無所能往來。而五人以此道法。教文王以精微之德。下政令於國人。言雖聖人。亦須良佐。

亦惟純佑秉德迪知天威乃惟時昭文王。傳 文王亦如殷家惟天所大佑。文王亦秉德蹈知天威。乃惟是五人明文王之德。

迪見冒聞于上帝惟時受有殷命哉。傳 言能明文王德蹈行顯見覆冒下民。彰聞上天。惟是故受有殷之王命。○見。賢遍反。注同。冒。莫報反。下同。馬作勗勉也。聞。音問。或又曰至命哉○正義曰。文王既有賢臣五人。如字。疏又復言曰。我之賢臣猶少。無所能往來。五人以此道法。教文王以微蔑精妙之德。下政令於國人。德政既善。爲天所佑。文王亦如殷家。惟爲天所大佑。文王亦秉德。蹈知天威。文王德如此者。乃惟是五人。明文王之德使然也。五人能明文王德。使蹈行顯見。覆冒下民。聞於上天。惟是之故。得受有殷王之命哉。言文王之聖。猶須良佐。我所以留輔成王。○傳有五至良佐○正義曰。無能往來一句。周公假爲文王之辭。言文王有五賢臣。猶恨其少。又復言曰。我臣既少。於事無能往來。謂去還理事。未能周悉。言其好賢之深。不知厭足也。迪。道。彝。法也。蔑。小也。小。謂精微也。而五人以此道法。教文王以精微之德。用此精微之德。下教令於國人。言雖聖人。亦須良佐。以見成王須輔佐之甚也。鄭玄亦云。蔑。小也。

武王惟茲四人。尚迪有祿。傳文王沒。武王立。惟此四人。庶幾輔相武王。蹈有天祿。虢叔先死。故曰四人。○相，息亮反。

後暨武王誕將天威，咸劉厥敵。

傳：言此四人後與武王皆殺其敵，謂誅紂。

惟茲四人昭武王惟冒，丕單稱德。

傳：惟此四人明武王之德，使布冒天下，大盡舉行其德。

疏：武王至稱德。○正義曰：文王既沒，武王次立，武功初立，惟此四人庶幾輔相武王，蹈有天下之祿。其後四人與武王大行天之威罰，皆與共殺其强敵，謂共誅紂也。武王之有天下，惟此四人明武王之德，惟武王布德覆冒天下，此四人大盡舉行武王之德，言武王亦得良臣之力。○傳「文王至四人」。○正義曰：文王受命九年而崩，十三年方始殺紂。文王沒，武王立，謂武王初立之時，惟此四人而已，庶幾輔相武王，蹈有天祿。初立則有此志，故下句言後與武王殺紂也。虢叔先死，故曰四人。以是文王之弟，其年應長，故言先死也。鄭玄疑不知誰死，注云：至武王時，虢叔等有死者。餘四人也。○傳惟此至其德○正義曰。單。盡。稱。舉也。使武王之德布冒天下。是此四人之力。言此四人。大盡舉行武王之德也。今在予小子旦若游大川予往暨汝奭其濟小子同未在位誕無我責傳我新還政。今任重在我小子旦。不能同於四人。若游大川。我往與汝奭其共濟渡。成王同於未在位即政時。汝大無非責我留。收罔勗不及耇造德不降我則鳴鳥不聞矧曰其有能格。傳今與汝留輔成王。欲收教無自勉不及道義者。立此化。而老成德不降意爲之。我周則鳴鳳不得聞。況曰其有能格于皇天乎。疏今在至能格○正義曰。周公言我新還政成王。今任之重者。其在我小子之身也。我不能同於四人輔文武。使有大功德。但苟求救溺而已。譬如遊於大川。我往與汝奭其共濟渡。小子成王。用心輔弼。同於成王未在位之時。恐其未能嗣先人明德。我當與汝輔之。汝大無非責我之留也。我留與汝輔王者。欲收教無自勉力不及道義者。我今欲立此化。而老成德之人不降意爲之。我周家則鳴鳳之鳥。尚不得聞知。況曰其有能格於皇天者乎。○傳我新至我留。○正義曰。周公既已還政。則是捨重任矣。而猶言今任重在我小子旦者。周公既攝王政。又須傳授得人。若其不能負荷。仍是周公之責。以嗣子劣弱。故言今任重猶在我小子旦也。彼四人者。能翼贊初基。佐成王業。我不能同於四人。望有大功。惟求救溺而已。詩云泳之游之。左傳稱闔敖游涌而逸。則游者入水浮渡之名。譬若成王在大川。我往與汝奭其同共濟渡成王。若云從此向川。故言往也。○傳今與至天乎。○正義曰。王朝之臣。有不勉力者。今與汝留輔成王者。正欲收斂教誨。無自勉力不及道義者。當教之勉力。使其及道義也。我欲成立此化。而老成德之人不肯降意爲之。我周家則鳴鳳尚不聞知。況曰其有能如伊尹之輩。使其功格於皇天乎。言太平不可冀也。經言耇造德不降者。周公以已年老。應退而留。因卽傳言已類。言已若退。則老成德者。悉皆退自逸樂。不肯降意爲之。政無所成。祥瑞不至。我周家則鳴鳳不得聞。則鳳是難聞之鳥。必爲靈瑞之物。故以鳴鳥爲鳴鳳。孔子稱鳳鳥不至。是鳳鳥難聞也。詩大雅卷阿之篇。歌成王之德。其九章曰。鳳皇鳴矣。于彼高岡。鄭云。因時鳳皇至。故以喻焉。則成王之時鳳皇至也。大雅正經之作。多在周公攝政之後。成王卽位之初。則周公言此之時。已鳳皇至。見太平矣。而復言此者。恐其不復能然。故戒之。此經之意。言功格上天。難於致鳳。故以鳴鳳況之。格天。案禮器云。升中于天。而鳳皇降。龜龍假。升中。謂功成告天也。如彼記文。似功至於天。鳳皇乃降。此以鳴鳳易致。況格天之難者乎。記以龍鳳有形。是可見之物。故以鳳降龍至爲成功之驗。非言成功告天。然後此物始至也。公曰。嗚呼君肆其監于茲我受命無疆惟休亦大惟艱。傳以朝臣無能立功至天。故其當視於此。我周受命無窮惟美。亦大惟艱難。不可輕忽謂之易治。告君乃猷裕。

我不以後人迷。傳告君汝謀寛饒之道。我留與汝輔王。不用後人迷惑。故欲教之。疏公曰嗚呼至人迷○正義曰。周公歎而呼召公曰。嗚呼。君。我以朝臣無能立功至天之故。故君其當視於此。請視此朝臣無能立功之事。我周家受天之命。無有境界惟美。亦大惟艱難。不可輕忽謂之易治。我今告君。汝當謀寛饒之道以治下民。使其事可法。我不用使後世人迷惑。故欲教之也。○傳告君至教之○正義曰。猷訓爲謀。告君汝謀寛饒之道。故當以寛饒爲法。我留與汝輔王。不用使後人迷惑。怪之無法則迷惑。故欲與汝作法以教之。鄭云。召公不說似險急。故令**公曰：前人敷乃心。乃悉命汝。作汝民**謀於寬裕也。**極。**傳前人文武布其乃心爲法度。乃悉以命汝矣。爲汝民立中正矣。**曰：汝明勖偶王。在亶乘茲大命。**傳汝以前人法度。明勉配王。在於誠信。行此大命而已。**惟文王德丕承無疆之恤。**傳惟文王聖德。爲之子孫無忝厥祖。大承無窮之憂。疏公曰前至之恤○正義曰。周公又言曰。前人文武布其乃心制法度。乃悉命汝。爲民立中正之道矣。治民之法。已成就也。戒召公。汝當以前人之法度。明自勉力。配此成王。在於誠信。行此大命而已。言已有舊法。易可遵行也。惟文王聖德造始周邦。爲其子孫。欲令無忝厥祖。大承無窮之憂。故我與汝不可不輔。○傳前人至正矣○正義曰。乃緩辭。不訓爲汝。○傳汝以

至而已○正義曰。勗。勉也。偶。配也。亶。信也。汝當以前
人法度。明自勉力配成王。在於誠信。行大命而已。言
其不復須勞心。傳以乘爲行。
蓋以乘車必行。故訓乘爲行。公曰君告汝朕允。傳告
汝以我之誠信。保奭其汝克敬以予監于殷喪大否。
傳呼其官而名之。勑使能敬以我言。視於殷喪亡大
否。言其大不可不戒。肆念我天威。予不允惟若茲誥。
傳以殷喪大故。當念我天德可畏。
予惟曰襄我二人。傳
言命無常。我不信惟若此誥。我惟曰。當因我文武之
道而行之。汝有合哉。言曰在時二人。天休滋至。惟時
二人弗戡。傳言汝行事。動當有所合哉。發言常在是

文武。則天美周家日益至矣。惟是文武不勝受。言多福。

其汝克敬德明我俊民在讓後人于丕時。

傳 其汝能敬行德。明我賢人在禮讓。則後代將於此道大且是。

疏 公曰君告至丕時○正義曰。周公呼召公曰。君。奭。其汝必須能敬以我之言。視於殷之喪亡。殷之喪亡。其事甚大。不可不戒愼。以殷喪大之故。當念我天德可畏。言天命無常。無德則去之。甚可畏。我不信惟若此誥而已。我惟言曰。當因我文武二人之道而行之。汝所行事。舉動必當有所合哉。當與文王武王合也。汝所發言常在是文王武王二人。則天美我周家。日日滋益至矣。其善既多。惟在是文武二人。不能勝受之矣。其汝能敬行德。明我賢俊之人在於禮讓。則後人於此道大且是也。○傳 言汝至多福○正義曰。動當有所合哉。舉動皆合文武也。發言常在是文武。

言非文武道則不言。嗚呼篤棐時二人。我式克至于今日休。傳 言我厚輔是文武之道而行之。我用能至于今日其政美。我咸成文王功于不怠。丕冒海隅出日。罔不率俾。傳 今我周家。皆成文王功于不懈怠。則德教大覆冒海隅日所出之地。無不循化而使之。疏 嗚呼至率俾○正義曰。周公言而歎曰。嗚呼我厚輔是二人之道而行之。我用能至於今日其政美。言今日政美。由是文武之道。我周家若能皆成文王之功。於事常不懈怠。則德教大覆四海之隅。至於日出之處。其民無不循我化。可臣使也。戒召公與朝臣。皆當法文王之功。公曰君。予不惠若茲多誥。予惟用閔于天越民。傳 我不順若此多誥而已。欲使汝念躬行之閔勉也。我惟用勉於天道加於民。【疏】公曰君子至越民。○正義曰。公呼召公曰。君。我不徒惟順如此之事多誥而已。欲使汝躬親行之。我惟用勉力自强於天道。行化於民。顧氏云。我亦自用勉勸。躬行於天道。加益於民人也。

公曰。嗚呼。君惟乃知民德。亦罔不能厥初。惟其終。【傳】惟汝所知民德。亦無不能其初。鮮能有終。惟其終則惟君子。戒召公以慎終。○鮮。息淺反。

祗若茲往。敬用治。【傳】當敬順我此言。自今以往。敬用治民職事。【疏】公曰嗚呼至用治。○正義曰。周公歎而呼召公曰。嗚呼。君。惟汝知民之德行。亦無有不能其初。惟鮮能其終。言行之雖易。終之實難。恐召公不能終行善政。故戒之以慎終。汝當以敬順我此言。自今以往。宜敬用此治民職事。戒之使行善不懈息也。○【傳】惟汝至慎終○正義曰。詩云。靡不有初。鮮克有終。是凡民之德。無不能其初。少能有終者。凡民皆如是。有終則惟君子。蓋召公至此已說。恐其不能終善。故戒召公以慎終也。鄭云召公是時意說周公。恐其復不說。故依違託言民德。以剴切之。

尚書註疏卷第十六

尚書注疏彙校卷十六

多士第十六

一葉七行注　洛陽下都。　○山井鼎《考文》：洛陽下都。〔古本〕下有「也」字。下註「遺餘衆士」下、「慜道至者」下、「乃天命」下並同。

一葉七行注　殷大夫士心不則德義之經。「夫」下要無「士」字。○阮元《校記甲》：心不則德義之經。陸氏曰：「則」或作「測」，非。

一葉八行釋文　不則。如字。「則」上王、魏無「不」字。

一葉八行釋文　或作測非。平「或」下有「音」字，「作」下無「測」字。

一葉八行釋文　近。附近之近。上「近」字上平有「徙」字。

一葉九行經　周公以王命誥。○阮元《校記甲》：周公以王命誥。石經考文提要云：坊本「誥」作「告」。阮元《校記乙》同。

一葉九行注　稱成王命告令之。「成王」，要作「王成」。

一葉十行注　所告者即衆士。　○阮元《校記甲》：所告者。「告」，纂傳作「誥」。○阮元《校記乙》：所告者。纂傳「告」作「誥」。

一葉十行疏　「成周至多士○正義曰」至「故孔意不然」。　○浦鏜《正字》：「多士」下疏當在上序下。○盧文弨《拾補》：成周至多士。此段俱當在序之下。○疏文「成周至多士」至「故孔意不然」，定本移至經文「作多士」下。《定本校記》：多士。此經傳〈足利〉八行本在「多士」下，今從殿本、浦氏。

一葉十二行疏　誥此衆士。　「誥」，要作「告」，殿、庫作「語」。

一葉十三行疏　故謂此爲下都。　「下」，平作「王」。

一葉十四行疏　殷遺多士。　○《薈要》案語：殷遺多士。刊本「殷」訛「毀」，今改。

一葉十四行疏　皆非在官。謂之頑民。　「在官」，單、八、魏、平、永、毛作「民事」。○殿本《考證》：毀遺多士，皆非在官，謂之頑民，知是殷之大夫士也。監本作「皆非民事」，今從閣本改。（彙校者案：監本實作「在官」，汲古閣毛本實作「民事」。殿本作「在官」，從北監本改，未從汲古閣本改。《考證》誤。）○盧文弨《拾補》：皆非民事，謂之頑民。「民事」，元本作「在官」，似臆改。余疑「事」字改作「而」，略可通。然必尚有脱文。○阮元《校記甲》：皆非民事。「民事」，十行、閩、監俱作「在官」。按：段玉裁挍本「民」作「序」，是也。○阮元

《校記乙》：皆非在官。閩本、明監本同。毛本「在官」作「民事」。段玉裁挍本又改「民」作「序」，是也。○張鈞衡《校記》：皆非民事。阮本「民事」作「在官」，校勘記云：毛本作「民事」，段玉裁校本又改「民」作「序」，是也。○《定本校記》：事謂之頑民。「事」，疑當作「周」。詩王城譜正義引鄭注云：「此皆士也，周謂之頑民。」此蓋用之。

一葉十五行疏　其意言將任爲王官。　「任」，永作「住」。

一葉十六行疏　士者在官之摠號。　「摠」，毛、殿、庫作「總」。

一葉十七行疏　僖二十四年左傳文。　「文」，十、閩作「又」。

一葉十七行疏　引之以解釋頑民之意。　「釋」，單、八、魏、平、永作「稱」。○山井鼎《考文》：引之以解釋頑民之意。宋板「釋」作「稱」。○盧文弨《拾補》：引之以解稱頑民之意。毛本「稱」作「釋」。「釋」當作「稱」。○阮元《校記甲》：引之以解釋頑民之意。「釋」，宋板作「稱」。

一葉十七行疏　移爾遐逖。　「逖」，十作「[illegible]」。

一葉十八行疏　皆以爲遷邶鄘之民於成周。　「邶」，單、魏、平、要、十、永、閩、庫、阮作「[illegible]」。

一葉十八行疏　計二國俱是從叛。　「二」，單、八、魏、平、要、永、毛、殿、庫、阮作「三」。○浦鏜《正字》：計三國俱是從叛。「三」，監本誤「二」。○阮元《校記甲》：計三國俱是從叛。

「三」，監本誤作「二」。

二葉一行疏　何以獨遷邶鄘。邶鄘在殷畿三分有二。　二「邶」字，單、八、魏、平、要、十、永、閩、庫、阮作「邶」。

二葉四行注　周公致政明年三月。　「三」，八作「二」。

二葉四行注　始於新邑洛。　「於」，要作「于」。

二葉四行注　告商王之衆士。　「告」，纂作「誥」。「士」，李作「壬」。

二葉四行疏　惟三月至王士　「三」下單無「月」字。○《定本校記》：惟三至王士。「三」下〔足利〕八行本有「月」字。今從單疏。

二葉六行疏　成周與洛邑。　「洛」，要作「各」。

二葉八行疏　故新邑成周。　○《定本校記》：故新邑成周。「新」上疑脱「於」字。

二葉八行疏　以成王之命告商王之衆士。　「士」，八作「上」。

二葉八行疏　成王元年三月。　「王」，單作「士」。「元」，八作「兀」。

二葉九行疏　用成王命。告殷之衆士以撫安之是也。　○浦鏜《正字》：用成王命告殷之衆士。毛本「士」誤「十」。

二葉十行注　順其事稱以告殷遺餘衆士。　「士」，毛作「生」。○物觀《補遺》：殷遺餘衆生。〔古本〕「生」作「士」，宋板同。○浦鏜《正字》：「衆士」誤「衆生」。○盧文弨《拾補》：以告殷遺餘衆士。毛本「士」作「生」。「生」當作「士」。○阮元《校記甲》：以告殷遺餘衆生。「生」，古、岳、葛本、宋板、十行、閩、監、纂傳俱作「士」。按：「生」字誤。

二葉十行經　弗弔。旻天大降喪于殷。　○山井鼎《考文》：弗弔旻天。〔古本〕「弗」作「不」。「弗克庸帝」同。

二葉十二行釋文　旻天。上閔巾反。　「閔」上魏、殿、庫無「天上」二字。

二葉十二行釋文　秋月旻天。　「月」，王、纂、魏、平、十、永、閩、毛、殿、庫、阮作「曰」。

二葉十二行釋文　秋。氣殺也。　「氣殺」，王、平、殿、庫作「殺氣」。纂「秋」下無「氣」字，「殺」下有一字空白。○山井鼎《考文》：秋，氣殺也。經典釋文作「秋，殺氣也」。○浦鏜《正字》：秋，殺氣也。「殺氣」字誤倒。○阮元《校記甲》：昊(旻)天。秋，殺氣也。「殺氣」二字，十行本、毛本俱倒。

二葉十四行注　言我有周受天佑助之命。　「佑」，魏作「祐」。

二葉十四行注　故得奉天明威。　「威」，李作「滅」。

二葉十五行注　正黜殷命。　「正」，李、魏、永、阮作「王」。

二葉十六行注　終周於帝王。　○《定本校記》：終周於帝王。内野本、神宮本無「於」字。

二葉十八行釋文　弋。徐音翼。　「音」上殿、庫無「徐」字。

三葉一行注　惟天不與。言無堅固治者。　「言」，八、李、王、纂、魏、平、毛、殿、庫作「信」。「無」，王作「无」。○物觀《補遺》：惟天不與信無。〔古本〕「與」上有「右」字。○浦鏜《正字》：惟天不與，信無堅固治者。「信」，監本誤「言」。○盧文弨《拾補》：惟天不與，信無堅固治者。「不」下古本有「右」字，即「佑」古字。○阮元《校記甲》：惟天不與，信無堅固治者。「與」上古本有「右」字。「信」，十行、閩、監俱誤作「言」。○阮元《校記乙》：惟天不與，言無堅固治者。古本「與」上有「右」字。毛本「言」作「信」。案：「言」字非。閩本、明監本並誤。○《定本校記》：惟天不與，信無堅固治者。「與」上燉煌本有「祐」字，内野本、神宮本、足利本有「右」字，清原宣賢手鈔本引家本亦有。

三葉一行注　故輔佑我。　「佑」，八、李、王、纂、魏、平作「佐」，永作「佐」。○山井鼎《考文》：故輔佑我。宋板「佑」作「佐」。○盧文弨《拾補》：輔佐我。「佐」，毛本作「佑」。「佑」當作「佐」。○阮元《校記甲》：故輔佑我。「佑」，岳本、宋板、十行、纂傳俱作「佐」。按：「佑」字誤。○張鈞衡《校記》：故輔佐我。阮本「佐」作「佑」。○《定本校記》：故輔佐我。岳本、〔足利〕八行本、十行本、永樂本如此。「佐」字，燉煌本、内野本、神宮本作「右」，足利本、閩本、監本、毛本作「佑」。

三葉一行注　我其敢求天位乎。「天」，王作「其」。○《定本校記》：我其敢求天位乎。内野本、神宮本無「我」字，清原宣賢手鈔本引家本亦無。

三葉二行釋文　治。直吏反。畀。必利反。下同。十字王本作「畀，必利反，下同。治，直吏反」。○阮元《校記甲》：畀。盧本移在「治」上。

三葉二行經　惟帝不畀。「帝」，十作「我」。

三葉三行注　惟我周家下民。「下」，岳作「不」。○阮元《校記甲》：惟我周家下民。「下」，岳本作「不」，誤。

三葉四行釋文　爲。于僞反。「爲」上平有「秉」字。○阮元《校記甲》：秉爲，于僞反。盧文弨校本末有「注同」二字。云依注疏本增入。按：十行本、毛本俱無。

三葉四行釋文　畏。如字。「畏」上平有「明」字。

三葉五行疏　天下喪亡於殷。「天」，魏、平作「大」。○《定本校記》：天下喪亡於殷。「天」疑當作「大」。

三葉六行疏　我有周受天祐助之命。　「祐」，單、八、平、庫作「佑」。○浦鏜《正字》：我有周受天祐助之命。「祐」，傳作「佑」，同。

三葉七行疏　謂使我周家代殷爲天子也。　○《定本校記》：謂使我周家代殷爲天子也。「家」，〔足利〕八行本誤作「定」。

三葉十二行疏　稱天至於殷。　「天」，阮作「王」。

三葉十三行疏　天有多言。　「言」，單、八、魏、平、十、永、阮作「名」。○山井鼎《考文》：天有多言。〔宋板〕「言」作「名」。○盧文弨《拾補》：天有多名。毛本「名」作「言」。「言」當作「名」。○阮元《校記甲》：天有多言。「言」，宋板、十行俱作「名」。按「言」字誤。○阮元《校記乙》：天有多名。毛本「名」作「言」，誤。

三葉十五行疏　殺無道之王。　「王」，單、八、魏、平、十、永作「主」。○山井鼎《考文》：殺無道之王。〔宋板〕「王」作「主」。○盧文弨《拾補》：殺無道之主。毛本「主」作「王」。「王」當作「主」。○阮元《校記甲》：殺無道之王。「王」，宋板作「主」。○阮元《校記乙》：殺無道之王。宋板「王」作「主」。

三葉十六行疏　天佑至天命。　「佑」，魏、十、永、閩、阮作「祐」。

三葉十六行疏　**直云故爾多士。**「爾」，永作「尔」。

三葉十七行疏　**知其故爾衆士。**「爾」，永作「尔」。

三葉十七行疏　**故弋爲取也。**「弋」，閩作「戈」。

三葉十七行疏　**鄭玄王肅本。**「玄」，要作「云」。「本」，平作「云」。

三葉十八行疏　**猶驅也。**「猶」，要作「同」。

四葉二行注　**有夏桀爲政不之逸樂。**「不之」，魏作「之不」。

四葉三行釋文　**樂。音洛。下同。**「樂」上平有「逸」字。

四葉四行經　**大淫泆有辭。**○阮元《校記甲》：大淫泆有辭。陸氏曰：「泆」又作「佾」，注同。按：失聲、佾聲，古音同部。阮元《校記乙》同。

四葉四行注　**是嚮於時夏不背棄。**○山井鼎《考文》：不背棄。〔古本〕下有「也」字。○《定本校記》：是嚮於時夏不背棄。「時」，内野本、神宮本作「是」。

四葉五行注　**大爲過逸之行。**「大」，毛作「天」。○山井鼎《考文》：天爲過逸之行。[正誤]「天」當作「大」。物觀《補遺》：古本、宋板「天」作「大」。○浦鏜《正字》：大爲過逸之行。「大」，毛本誤「天」。○岳本《考證》：大爲過逸之行。「大爲」之「大」，汲古閣本訛作「天」。

○盧文弨《拾補》：大爲過逸之行。毛本「大」作「天」。「天」當作「大」。○阮元《校記甲》：天爲過逸之行。「天」，古、岳、葛本、宋板、十行、閩、監、纂傳俱作「大」。按：「天」字誤。○阮元《校記乙》：大爲過逸之行。古本、岳本、葛本、宋板、閩本、明監本、纂傳並同。毛本「大」作「天」，誤。

四葉五行釋文　時夏。絶句。馬以時字絶句。嚮。許亮反。　十四字纂、魏、平、殿、庫作「嚮，許亮反。于時夏絶句。馬以時字絶句」。○山井鼎《考文》：嚮，許亮反。謹按經典釋文此四字在「時夏，絶句」上，爲是。

四葉六行釋文　背。音佩。　「背」上平有「不」字。

四葉六行釋文　行。下孟反。　「行」上平、殿、庫有「之」字。

四葉八行注　言不佑。　○山井鼎《考文》：言不佑。〔古本〕下有「也」字。

四葉八行注　其惟廢其大命。　「大」，平、十、永、阮作「天」。

四葉十行疏　既言天之効驗。去惡與善。　「之」下要無「効驗」二字。「去」，十、永、閩、阮作「法」。○阮元《校記甲》：既言天之效驗，去惡與善。「去」，十行、閩本俱誤作「法」。○阮元《校記乙》：既言天之効驗，法惡與善。閩本同。毛本「法」作「去」。

四葉十行疏　更追説往事。　「追」，要作「連」。

四葉十四行疏　乃命汝先祖成湯。　「成」，平作「戍」。

四葉十六行疏　又曰天生民而立之君。　永「又」作「乂」，「天」作「大」。

四葉十七行疏　使民不得之適逸樂。　「之」，要作「共」。

四葉十八行疏　改脩德政耳。　「改」，平作「故」。「脩」，單、八、魏、平、十、永、阮作「修」。

五葉一行疏　惟是桀惡有辭。　「惡」，平作「悪」。

五葉二行疏　欲奪其王位也。　「奪」，魏作「奪」。

五葉二行疏　下致天罰。　「下」，永作「不」。

五葉四行注　自帝乙以上。　「以」，八、李、王、魏作「已」。○山井鼎《考文》：自帝乙以上。宋板「以」作「已」。○盧文弨《拾補》：自帝乙已上。毛本「已」作「以」。「以」當作「已」。○阮元《校記甲》：自帝乙以上。「以」，宋板作「已」。

五葉五行注　言能保宗廟社稷。○山井鼎《考文》：宗廟社稷。〔古本〕下有「也」字。「後嗣王紂」下同。

五葉五行釋文　上。時掌反。　「上」上平有「已」字。

五葉五行釋文　齊側皆反。「齊」，王作「齋」。「齊」下平有「敬上」二字。

五葉六行經　殷王亦罔敢失帝。○《定本校記》：殷王亦罔敢失帝。内野本無「殷」字。神宮本云或本無。

五葉七行注　亦惟天大立安治於殷。○《定本校記》：亦惟天大立安治於殷。「於殷」，燉煌本作「有殷」。内野本、神宮本無「於」字。

五葉七行注　皆能憂念祭祀。○《定本校記》：皆能憂念祭祀。内野本、神宮本無「念」字，清原宣賢手鈔本引家本亦無。

五葉八行注　故無不配天布其德澤。「無」，王作「无」。「天」，李作「大」。

五葉十行注　後嗣王紂。○盧文弨《拾補》：後嗣王紂。「紂」下古本有「也」字。○阮元《校記甲》：後嗣王紂。「紂」下古本有「也」字。

五葉十行注　大無明于天道。「無」，王作「无」。「于」，王、纂、魏、平作「於」。○山井鼎《考文》：無明于天道。〔古本〕「于」作「於」，宋板同。

五葉十行注　行昏虐。○山井鼎《考文》：行昏虐。〔古本〕下有「也」字。

五葉十一行經　誕淫厥泆。罔顧于天。○山井鼎《考文》：誕淫厥泆罔顧。〔古本〕「泆」作「洪」。○阮元《校記甲》：誕淫厥泆。「泆」，古本作「洪」，誤。○阮元《校記乙》：誕淫厥泆。古本「泆」作「洪」，誤。

五葉十一行經　顯民祗。　「祗」，永作「袛」，毛作「祇」。○阮元《校記甲》：罔顧于天，顯民祗。「祗」，唐石經、岳、葛、十行、閩、監俱作「祗」。○阮元《校記乙》：罔顧于天，顯民祗。唐石經、岳本、葛本、閩本、明監本同。毛本「祗」作「祇」。

五葉十二行注　無能明人爲敬。　「無」，王作「无」。○山井鼎《考文》：明人爲敬。〔古本〕「人」作「民」。○盧文弨《拾補》：無能明人爲敬。「人」，古本作「民」。○《定本校記》：無能明民爲敬。内野本、神宫本、足利本如此，清原宣賢手鈔本引家本亦然。燉煌本、注疏本「民」作「人」。

五葉十二行注　暴亂甚。　○山井鼎《考文》：暴亂甚。〔古本〕下有「也」字。下註「謂紂無道」下、「正身念法」下、「教誨汝」下並同。

五葉十七行注　言皆有闇亂之辭。　○阮元《校記甲》：言皆有闇亂之辭。「闇」，纂傳誤作「圖」。

五葉十八行疏　非獨成湯以用其行合天意。　○《定本校記》：以用其行合天意。「用」字疑衍。

六葉一行疏　亦惟天大立安治有殷。　「治」，殿作「怡」。「有」下平無「殷」字。

六葉二行疏　在今後嗣王紂。　「在」，永作「右」。

六葉五行疏　是以致至於天罰。　「致」，平作「故」。

六葉六行疏　生則逸豫。　「豫」，平作「豫」。

六葉七行疏　辭有抑揚。　「抑」，平作「抑」。

六葉八行疏　言能保宗廟社稷。　「稷」，平作「禝」。

六葉九行疏　湯既至德澤。　「湯」，閩作「昜」。

六葉十一行疏　號令於民。　「令」，八作「今」。

六葉十二行疏　無顧於天。　「於」，毛作「于」。

六葉十三行疏　與顯民祇。　「祇」，毛作「祗」。

六葉十四行疏　天乃與之。　○山井鼎《考文》：天乃與之。〔宋板〕「與」作「興」。○阮元《校記甲》：天乃與之。「與」，宋板作「興」。阮元《校記乙》同。○《定本校記》：天乃與之。「與」，〔足利〕八行本誤作「興」。

六葉十五行疏　其爲天所喪滅者。　「天」上永無「爲」字。

六葉十五行疏　無非皆其惡辭聞於天。　「其」，單、八、魏、永、阮作「有」。○阮元《校記甲》：無非皆其惡辭聞於天。「其」，十行本作「有」。○阮元《校記乙》：無非皆有惡辭聞於天。毛本「有」作「其」。

六葉十六行疏　上天不罰無辜。　「辜」，殿作「辠」。

六葉十七行疏　以其心仍不服。　「其」，十作「有」。

六葉十八行經　丕靈承帝事。　「丕」，平作「不」。

七葉三行注　告天不頓兵傷士。　「天」，平作「命」。

七葉三行經　惟我事不貳適。　○山井鼎《考文》：「惟我事不貳適」、「我不爾動」，〔古本〕「不」作「弗」。

七葉四行注　不貳之他。　「他」，李、纂、魏、十、永、阮作「佗」。

七葉五行釋文　復。扶又反。　「復」上平有「不」字。

七葉八行經　肆不正。　「正」，永作「王」。

七葉八行注　就於殷大罪而加誅者。　「於」，王作「于」。

七葉十一行疏　言巳之適周。　「適」，平作「過」。

七葉十二行疏　伐紂之時。　「伐」，平作「我」。

七葉十三行疏　我亦念天所以就於殷致大罪者。　「亦」，十作「不」。

七葉十五行疏　以周王奉天之故。　「王」，永作「土」。

七葉十六行疏　故無頓兵傷士。　「故」，平作「汝」。

八葉二行注　我惟汝未達德義。　「惟」，李作「椎」。

八葉四行注　非我天子奉德不能使民安之。　○山井鼎《考文》：不能使民安之。〔古本〕作「不能使民安安之也」。謹按恐衍一「安」字。○阮元《校記甲》：不能使民安之。古本作「不能使民安安之也」。山井鼎曰：恐衍一「安」字。按：疏云：「不能使民安而安之」，即古本之所本。阮元《校記乙》同。○《定本校記》：非我天子奉德不能使民安之。燉煌本、内野本、神宮本、足利本重「安」字，清原宣賢手鈔本引家本亦然。

八葉五行注　是惟天命宜然。　「惟」，平作「推」。

八葉五行經　朕不敢有後。　○阮元《校記甲》：朕不敢有後。唐石經「後」下本有「誅」字，後磨改。阮元《校記乙》同。

八葉六行注　汝無違命。　「無」，王作「无」。「違」，岳作「違」。

八葉八行注　殷先世有冊書典籍。　「冊」，要作「典」。

八葉八行經　今爾又曰。　○顧炎武《九經誤字》：今爾又曰，夏迪簡在王庭。石經、監本同。今本作「其曰」。○山井鼎《考文》：今爾又曰。〔古本〕作「爾今又曰」。蔡本「又」作「其」。○浦鏜《正字》：今爾又曰。今本「又」作「其」。按：石經亦作「又」。○盧文弨《拾補》：今爾又曰。「今爾」，古本倒。○阮元《校記甲》：今爾又曰。顧炎武曰：「又」，今本作「其」。阮元《校記乙》同。

八葉九行經　有服在百僚。　「僚」，平作「僚」。

八葉九行注　今汝又曰。　「曰」，閩作「口」。

八葉十行注　言見任用。　○山井鼎《考文》：言見任用。〔古本〕下有「也」字。

八葉十一行注　言我周。亦法殷家。　○山井鼎《考文》：言我周，亦法殷家。〔古本〕「法」作「涉」，宋板同。謹按考疏意，作「涉」者非。○阮元《校記甲》：言我周，亦法殷家。「法」，古本、宋板俱作「涉」，非。○阮元《校記乙》：言我周，亦法殷家。古本、宋板「法」作「涉」，非。○《定本校記》：言我周亦法殷家。「法」，足利本、〔足利〕八行本誤作「涉」。

八葉十二行注　故我敢求汝於天邑商。　「天」，纂作「大」。

八葉十二行注　將任用之。　「任」，要作「仕」。○山井鼎《考文》：將任用之。〔古本〕「之」作「也」。○阮元《校記甲》：將任用之。「之」，古本作「也」。案：疏標起訖作「之」。

八葉十四行疏　王曰猷至天命。　「天」，阮作「大」。○張鈞衡《校記》：王曰猷至天命。阮本「天」作「大」，誤。○《定本校記》：王曰猷至天命。「王」，〔足利〕八行本誤作「正」。

八葉十五行疏　其今徙居西汝置於洛邑以教誨汝。　「其」，阮作「耳」。

八葉十七行疏　説殷改夏王命之意。　○《定本校記》：説殷改夏王命之意。「王」，單疏本誤作「玉」。

八葉十八行疏　今往又有言曰。　「往」，單、八、魏、毛、殿、庫作「汝」。○殿本《考證》：今汝又有言曰。「汝」字監本訛「往」，今改正。○浦鏜《正字》：今汝又有言曰。「汝」，監本誤「往」。○阮元《校記甲》：今汝又有言曰。「汝」，十行、閩、監俱作「往」。○阮元《校記乙》：今往又有言曰。毛本「往」作「汝」。

九葉一行疏　我一人惟聽用有德之者。　「者」上殿、庫無「之」字。○浦鏜《正字》：我一人惟聽用有德之者。「者」當「人」字誤。○盧文弨《拾補》：惟聽用有德者。「德」下毛本有「之」字，衍。官本删。○阮元《校記甲》：我一人惟聽用有德之者。浦鏜云：「者」當「人」字誤。按：浦云非也。阮元《校記乙》同。○《定本校記》：我一人惟聽用有德之者。此句疑有譌。殿本删「之」字。浦氏云：「之者」，當作「之人」。

九葉一行疏　故我敢求汝有德之人於彼天邑商都。「彼」，殿、庫作「循」。

九葉一行疏　欲取賢而任用之。「任」，魏作「住」。

九葉二行疏　是惟大命當然。「大」，單、八、魏、平、十、永、毛、殿、庫、阮作「天」。

九葉二行疏　聖人動合天心。故每事惟託天命也。「惟」，平作「推」。○山井鼎《考文》：聖人動合天心，故每事惟託天命也。〔宋板〕「聖」作「衆」，「託」作「記」。謹按似非。○阮元《校記甲》：聖人動合天心，故每事惟託天命也。宋板「聖」作「衆」，「託」作「記」，非。○《定本校記》：聖人動合天心。「聖」，〔足利〕八行本誤作「衆」。又：故每事惟託天命也。「託」，〔足利〕八行本誤作「記」。

九葉三行疏　故傳辯之。「辯」，單、八、魏、平、十、永、阮作「辨」。

九葉五行疏　㊕汝無至怨我○正義曰。周既伐紂。「周」上「㊕汝無至怨我○正義曰」，殿、庫作「無違朕不敢有後者」。

九葉五行疏　疑其欲違上命。「欲」，十作「故」。

九葉五行疏　故設此言以戒之。「故」，十作「欲」。

九葉九行疏　言未遷之時。當求往。遷後。有德任用之必矣。　「未」，永作「本」。○浦鏜《正字》：言未遷之時，當求。「當」，疑「尚」字誤。○阮元《校記甲》：言未遷之時，當求往。浦鏜云：「當」，疑「尚」字誤。阮元《校記乙》同。○《定本校記》：言未遷之時，當求往。遷後，有德任用之必矣。浦氏云：「當」，疑「尚」字誤。案：「當求往」，疑當作「尚求有德」四字。下句「有德」二字衍。

九葉十行疏　惟我至天命。　○《定本校記》：傳惟我至天命。「天」，〔足利〕八行本誤作「夫」。

九葉十行疏　此故解經中肆字。　「此」下永無「故」字。

九葉十行疏　憐愍汝。　「憐愍」，平鈔配作「肆矜」。

九葉十行疏　故徙之教汝。　○《定本校記》：故徙之教汝。「之」字疑衍。

九葉十一行疏　非我罪咎。　「我」，十作「與」。

九葉十一行經　王曰。多士。　○盧文弨《拾補》：王曰多士。「曰」下石經有「告爾」二字。

九葉十三行注　後伐奄淮夷。　「淮」，李作「准」。○山井鼎《考文》：後伐奄淮夷。〔古本〕下有「也」字。下註「不欲殺汝」下同。

九葉十三行注　大下汝民命。謂誅四國君。　「大」，纂、平作「天」。○浦鏜《正字》：大下汝民命，謂誅四國君。「四」，監本誤「曰」。○阮元《校記甲》：謂誅四國君。「四」，監本誤作「曰」。○《定本校記》：謂誅四國君。燉煌本、内野本、神宫本無「謂」字，清原宣賢手鈔本引家本亦無。

九葉十六行注　使汝遠於惡俗。　「遠」下八無「於」字。

九葉十六行注　比近臣我宗周。　○《定本校記》：比近臣我宗周。「宗周」二字，燉煌本、内野本、神宫本倒。

九葉十六行釋文　逖。他力反。　「力」，王、纂、魏、平作「歷」。○阮元《校記甲》：逖，他力反。段玉裁云：「力」，當作「歷」。

九葉十六行釋文　比　毗志反。　「比」下平有「事上」二字。

九葉十七行釋文　遠　于萬反。　「遠」下平有「於上」二字。

十葉三行疏　於時王不親行。　「不」上要無「王」字。

十葉三行疏　一舉而誅四國。　「舉」，平作「举」。

十葉四行疏　獨言來自奄者。　「來」下要無「自」字。

十葉四行疏　誅奄即來。「誅」下永無「奄」字。

十葉五行疏　大下汝民命。「大」，永作「天」。

十葉五行疏　天之所罰。「天」，阮作「王」。○劉承幹《校記》：天之所罰。阮本「天」作「王」，誤。

十葉七行疏　比近京師。「比」，魏、平、永、阮作「此」。

十葉十行經　今朕作大邑于茲洛。○盧文弨《拾補》：今朕作大邑于茲洛。「洛」，石經作「雒」。

十葉十一行注　無所賓外。○山井鼎《考文》：無所賓外。〔古本〕下有「之」字。○盧文弨《拾補》：無所賓外。古本「外」下有「之」字。○阮元《校記甲》：無所賓外。古本下有「之」字。

十葉十一行釋文　賓。如字。「賓」上平有「攸」字。

十葉十三行注　亦惟汝衆士。所當服行奔走臣我。○阮元《校記甲》：亦惟汝衆士所當服行。葛本「汝」誤作「如」，「服」誤作「順」。

十葉十四行經　爾乃尚有爾土。「土」，十作「士」。

十葉十四行經　爾乃尚寧幹止。　○《定本校記》：爾乃尚寧幹止。燉煌本無「爾」字。

十葉十五行注　乃庶幾還有汝本土。　「土」，李作「亠」，永作「士」。○張鈞衡《校記》：乃庶幾還有汝本土。阮本「土」作「士」，下同。（彙校者案：阮本作「土」。）

十葉十五行注　乃庶幾安汝故事止居。　「庶」，十作「黙」。

十葉十五行注　以反所生誘之。　「反」，王作「及」。○山井鼎《考文》：所生誘之。〔古本〕下有「也」字。「言刑殺」下同。

十葉十六行注　汝能敬行順事。　○《定本校記》：汝能敬行順事。燉煌本、内野本、神宫本無「汝」字，清原宣賢手鈔本引家本亦無。

十葉十七行經　爾不啻不有爾土。　「土」，李作「上」。○阮元《校記甲》：爾不啻不有爾土。陸氏曰：「啻」，徐本作「翅」。下篇放此。阮元《校記乙》同。

十葉十八行經　予亦致天之罰于爾躬。　「于」，平作「干」。

十葉十八行注　汝不能敬順。　「順」，纂作「慎」。

十一葉一行注　不但不得還本土而已。　「土」，永、阮作「士」。

十一葉一行釋文　啻。始豉反。徐本作翅。音同。　「啻」上平有「不」字。「豉」，王、纂、魏、永作「豉」，毛作「跂」。「翅」，王、纂、魏作「商」，十作「翅」。「作」下平無「翅」字。○阮元《校記甲》：不啻，徐本作翅，音同。「翅」，葉本作「商」。按：「商」蓋「商」之誤。

十一葉二行釋文　下篇放此。「放」，平、殿、庫作「倣」。

十一葉四行注　於此洛邑。「邑」，平作「邑」。○《定本校記》：於此洛邑。燉煌本、內野本、神宮本無「邑」字，清原宣賢手鈔本引家本亦無。

十一葉四行注　言由洛脩善。「脩」，八、李、王、纂、魏、平、要、岳、十、永、毛、阮作「修」。

十一葉六行疏　告汝殷之多士。「士」，八作「土」。

十一葉八行疏　汝乃庶幾還有汝本土。「庶」，十作「庻」。

十一葉十四行疏　謂歸本土有幹年。「年」上要有「有」字。

十一葉十四行疏　言由在洛脩善。「脩」，單、八、魏、要、十、永、毛、阮作「修」，平作「修」。

十一葉十四行疏　得還本土有幹有年也。「土」，十作「士」。

十一葉十五行疏　但孔上句爲云。爾乃尚有爾本土。○《定本校記》：但孔上句爲云，爾乃尚有爾本土。「爲」字疑衍。

十一葉十六行經　王曰。又曰。時予。乃或言。○阮元《校記甲》：王曰：又曰：時予，乃或言。唐石經「或」下本有「誨」字，後磨改。阮元《校記乙》同。○《定本校記》：乃或言。阮氏云：唐石經「或」下本有「誨」字，後磨改。案：燉煌本有「誨」字。

十一葉十八行疏　則汝所當居行也。「也」，單、八、魏、平、十、永、閩、阮作「之」。○山井鼎《考文》：汝所當居行也。諸本「也」作「之」。○盧文弨《拾補》：則汝所當居行也。「也」，元本作「之」。○阮元《校記甲》：則汝所當居行也。山井鼎曰：諸本「也」作「之」。按：十行、閩本俱作「之」，監本亦作「也」。

十二葉三行疏　今史録稱王之言曰。○《定本校記》：今史録稱王之言曰。「曰」上疑脱「言王」二字。

十二葉三行疏　故言又曰也。「言又曰」，魏作「曰又言」。

無逸第十七

十二葉六行經　周公作無逸。○殿本《考證》：王應麟曰：「無逸」，大傳作「毋逸」。毋者，禁止之辭，其義尤切。

十二葉六行注　故戒以無逸。○山井鼎《考文》：故戒以無逸。〔古本〕下有「之」字。○阮元《校記甲》：故戒以無逸。古本下有「之」字。

十二葉七行經　無逸　○岳本《考證》：無逸。案：大傳作「毋逸」。王應麟曰：毋者，禁止之辭，于義尤切。○盧文弨《拾補》：無逸。石經「無逸」作「毋劮」。後同。

十二葉七行注　成王即位。「位」，八、李、王、纂、魏、平、要、岳、十、永、毛、殿、庫、阮作「政」。○浦鏜《正字》：成王即政。「政」，監本誤「位」。○阮元《校記甲》：成王即政。「政」，葛本、閩、監俱作「位」，誤。○阮元《校記乙》：成王即政。葛本、閩本「政」作「位」，誤。

十二葉七行注　故以所戒名篇。「故」，阮作「本」。「戒」上要無「所」字。○張鈞衡《校記》：故以所戒名篇。阮本「故」作「本」，誤。

十二葉七行疏　「傳中人至無逸○正義曰」至「其實本性亦中人耳」。○浦鏜《正字》：疏「傳中至人耳」八十二字當在上序下。○盧文弨《拾補》：傳中人至無逸。自此至「其實本性亦中人耳」止，當在序之下。○「傳中人至無逸○正義曰」至「其實本性亦中人耳」，定本在上序傳「故戒以無逸」下。《定本校記》：無逸。此經傳〔足利〕八行本在「周公作無逸」下。今從殿本、浦氏。

十二葉七行疏　中人至無逸。「中」，十作「申」。

十二葉九行疏　成王以聖賢輔之。○《定本校記》：成王以聖賢輔之。「王」，〔足利〕八行本誤作「正」。

十二葉十一行疏　皆是成王即位之初。「位」，殿、庫作「政」。○殿本《考證》：成王即政之初。「即政」，監本訛「即位」。從舊本改。○盧文弨《拾補》：皆是成王即政之初。毛本「政」作「位」，譌。官本改。

十二葉十一行疏　即以所戒名篇也。「以所」，平作「所以」。

十二葉十二行注　歎美君子之道。○阮元《校記甲》：歎美君子之道。「歎」，葛本誤作「教」。

十二葉十三行注　所在念德其無逸豫。「無」，王作「无」。○山井鼎《考文》：其無逸豫。〔古本〕下有「也」字。○阮元《校記甲》：其無逸豫。「豫」下古本有「也」字。

十二葉十三行經　先知稼穡之艱難。○盧文弨《拾補》：先知稼穡之艱難。「穡」，石經作「嗇」。

十二葉十四行注　稼穡。農夫之艱難事。○山井鼎《考文》：農夫之艱難事。〔古本〕無「之」字。○盧文弨《拾補》：稼穡，農夫之艱難事。「之」，古本無。○阮元《校記甲》：農夫之艱難事。古本無「之」字。

十二葉十五行注　則知小人之所依怙。「怙」下王、纂、魏、平、殿、庫有釋文「怙，音户」三字。○山井鼎《考文》：則知小人之所依怙。〔古本〕下有「也」字，「人」作「民」。又：補脱怙，音户〔據經典釋文〕。謹按註「所依怙」。○盧文弨《拾補》：則知小人之所依怙。古本「人」作「民」。○阮元《校記甲》：則知小人之所依怙。「人」，古本作「民」。○《定本校記》：則知小人之所依怙。「人」，内野本、神宫本、足利本作「民」。

十二葉十六行經　厥子乃不知稼穡之艱難。　○山井鼎《考文》：厥子乃不知稼穡之艱難。〔宋板〕「乃」作「亦」。○盧文弨《拾補》：厥子乃不知稼穡之艱難。「乃」，宋本作「亦」。○阮元《校記甲》：乃不知稼穡之艱難。「乃」，宋板作「亦」。葛本脱「穡」字。阮元《校記乙》同。○《定本校記》：厥子乃不知稼穡之艱難。「乃」，〔足利〕八行本誤作「亦」。

十二葉十八行經　乃逸。乃諺。既誕。否則侮厥父母。　「母」，永作「毋」。○盧文弨《拾補》：乃逸，乃諺，既誕。石經作「乃劮，乃憲，既延」。又下「否」字作「不」。

十二葉十八行經　曰昔之人無聞知。　「昔」上要無「曰」字。

十三葉一行注　力爲逸豫遊戲。　「力」，八、李、王、纂、魏、平、要、岳、毛、殿、庫作「乃」。「戲」，李作「戱」，魏作「戲」。○阮元《校記甲》：乃爲逸豫遊戲。「乃」，葛本、十行、閩、監俱誤作「力」。○阮元《校記乙》：力爲逸豫遊戲。葛本、閩本、明監本同。毛本作「乃」，是也。

本倒。

十三葉二行注　巳欺誕父母。　○《定本校記》：巳欺誕父母。「欺誕」二字，内野本、神宫本倒。

十三葉三行釋文　諺。魚戰反。　「魚戰反」，纂作「音彦」。「魚戰」，魏、平作「五旦」。「戰」，殿、庫作「變」。○山井鼎《考文》：諺，魚戰反。經典釋文「戰」作「變」。○阮元《校記甲》：諺，魚變反。「魚變」，葉本作「五旦」。十行本、毛本俱作「魚戰反」。按：韻書「諺」無「五旦」之音。葢唐初經文作「喭」，故音五旦反。天寶改「喭」爲「諺」。至開寶又改釋文「喭」爲「諺」，而「五旦」之音未改也。至刻注疏者改爲「魚戰」。通志堂刻釋文又改作「魚變」。而此字之本作「喭」，遂無可考矣。説詳尚書撰異。

十三葉三行疏　周公至聞知。　「周」，永作「用」。

十三葉三行疏　嗚呼。君子之人。　「嗚」，永作「鳴」。

十三葉五行疏　其子乃不知稼穡之艱難。乃爲逸豫遊戲。　「艱」，永作「㖷」。「遊」，魏作「逰」。

十三葉六行疏　王宜知其事也。　「王」，平作「玉」。

十三葉七行疏　周公意重其事。　「重」上永無「意」字。

十三葉八行疏　言其可以君正上位。　○阮元《校記甲》：言其可以君正上位。「君」，纂傳作「居」。

十三葉八行疏　念德不怠。　「念」，魏作「念」。

十三葉九行疏　日有萬幾。　「幾」，魏作「機」。

十三葉十行疏　傳稼穡至依怙。　「稼」上魏無「傳」字。

十三葉十行疏　不得不爲寒耕熱耘。　「熱」，魏、十、毛作「熱」。

十三葉十二行疏　是爲謀逸豫也。　「爲」，魏作「乃」。

十三葉十三行疏　心之逸也。　「心」下永無「之」字。

十三葉十五行疏　乃不知其父母勤勞。　「其」，平作「此」。

十四葉一行疏　論語曰。由也。諺。　○浦鏜《正字》：論語曰：由也，諺。「諺」，論語作「喭」。○盧文弨《拾補》：論語曰：由也，諺。「諺」，今本作「喭」，同。

十四葉二行注　太戊也。　「太」，十、阮作「大」。

十四葉三行注　殷家中世尊其德。故稱ˇ宗。　○山井鼎《考文》：尊其德，故稱宗。〔古本〕「宗」上有「中」字。○盧文弨《拾補》：殷家中世尊其德，故稱宗。「宗」上古本有「中」字，是。○阮元《校記甲》：故稱宗。「宗」上古本有「中」字。○《定本校記》：故稱宗。「宗」上内野本、神宮本、足利本有「中」字，清原宣賢手鈔本引家本亦有。

十四葉三行經　嚴恭寅畏。天命自度。○盧文弨《拾補》：嚴恭寅畏，天命自度。「嚴」，石經作「儼」。「度」，石經作「亮」。

十四葉四行注　言太戊嚴恪恭敬。「恪」，纂作「洛」。

十四葉四行釋文　嚴。如字。又魚檢反。「檢」，平、毛作「撿」。

十四葉四行經　治民祇懼。○盧文弨《拾補》：治民祇懼。「治」，石經作「以」。

十四葉五行注　爲政敬身畏懼。「敬」，李作「敬」。

十四葉九行疏　故中宗之享有殷國。「宗」下殿、庫無「之」字。

十四葉十行疏　太戊。王名。「太」，魏、要作「大」。

十四葉十行疏　商自成湯巳後。「巳」，要作「以」。

十四葉十行疏　政教漸衰。「衰」，庫作「衺」。

十四葉十行疏　殷家中世尊其德。「中」，要作「申」。

十四葉十二行疏　三者各異。「各」，殿、庫作「名」。

十四葉十三行注　武丁。其父小乙。　○山井鼎《考文》：武丁，其父小乙。〔古本〕「其」作「也」。○盧文弨《拾補》：武丁，其父小乙。「其」，古本作「也」。○阮元《校記甲》：武丁，其父小乙。「其」，古本作「也」。阮元《校記乙》同。○《定本校記》：其父小乙。燉煌本、內野本、神宮本、足利本無「其」字。清原宣賢手鈔本引家本亦無。

十四葉十三行注　使之久居民間。　「間」，岳作「閒」。

十四葉十四行注　與小人出入同事。　「入」，阮作「八」。○山井鼎《考文》：「出入同事」下、「則小乙死」下，〔古本〕共有「也」字。下注「湯孫太甲」下、「依仁政」下並同。○張鈞衡《校記》：出入同事。阮本「入」作「八」，誤。

十四葉十五行注　武丁起其即王位。則小乙死。　○盧文弨《拾補》：武丁起其即王位，則小乙死。「死」下古本有「也」字。

十四葉十五行注　乃有信默。　「默」，殿作「黙」。

十四葉十五行注　言孝行著。　「言」，李作「信」。「著」，十、永、阮作「者」。○阮元《校記甲》：言孝行著。「著」，十行、閩、葛俱誤作「者」。○阮元《校記乙》：言孝行者。毛本「者」作「著」。

十四葉十六行釋文　行。下孟反。　「行」上平有「孝」字。

十四葉十七行注　則天下和。「天」，李作「大」。

十五葉一行注　人無是有怨者。○《定本校記》：人無是有怨者。「人」，内野本、神宫本作「民」。

十五葉一行經　肆高宗之享國。五十有九年。○殿本《考證》：肆高宗之享國五十有九年。王應麟曰：石經作「肆高宗之享國百年」。漢杜欽亦曰「高宗享百年之壽」。○浦鏜《正字》：肆高宗之享國五十有九年。按：王氏應麟云：石經作「肆高宗之享國百年」。漢杜欽亦曰：「高宗享百年之壽」。○盧文弨《拾補》：肆高宗之享國五十有九年。案：王應麟云：石經作「肆高宗之饗國百年」。漢杜欽亦曰「高宗享百年之壽」。

十五葉三行疏　於時與小人同其事。「時」上平無「於」字。

十五葉三行疏　起其即王之位。「王」，毛作「土」。○物觀《補遺》：即土之位。宋板「土」作「王」。○盧文弨《拾補》：起其即王之位。毛本「王」作「土」。「土」當作「王」。○阮元《校記甲》：起其即土之位。「土」，宋板、十行、閩、監俱作「王」。按：「土」字是也。○阮元《校記乙》：起其即王之位。宋板、閩本、明監本同。毛本「王」作「土」。按：「土」字是也。

十五葉六行疏　使之久居民間。「間」，單作「閒」。

十五葉七行疏　同爲農役。　「爲」，平作「與」。

十五葉八行疏　更得與小人雜居也。　「與」，庫作「於」。

十五葉八行疏　武丁起至行著。　「著」，十作「者」。

十五葉九行疏　故言起其即王位。　「言」上要無「故」字。

十五葉九行疏　則小乙死也。　「死」，要作「取」。

十五葉九行疏　以舊無功而今有故。言乃有説此事者。　○盧文弨《拾補》：以舊無功而今有。「功」，疑作「言」。

十五葉十二行疏　故載之於書中而高之。故謂之高宗。三年之喪。君不言也。　○浦鏜《正字》：故載之于書中云云君不言也。「于」、「也」二字禮記無。

十五葉十二行疏　在喪至自安。　「至」，阮作「全」。○張鈞衡《校記》：傳在喪至自安。阮本「至」作「全」。誤。

十五葉十四行疏　孔意則爲出言在三年之外。　「則」，庫作「以」。

十五葉十四行疏　故云在喪其惟不言。　「喪」下八、要有「則」字。○山井鼎《考文》：故云在喪其惟不言。宋板「喪」下有「則」字。○盧文弨《拾補》：故云在喪則其惟不言。「則」，毛本脱。○阮元《校記甲》：故云在喪其惟不言。「喪」下宋板有「則」字，與注合。

十五葉十四行疏　則天下大和。「大」，庫作「太」。

十五葉十四行疏　王宅憂亮陰三祀。「亮」，庫作「諒」。

十五葉十六行疏　皆是明王。「王」，單、八、魏作「主」。

十五葉十六行疏　但古文辭有差異。「但」，八作「伹」。

十六葉二行注　久爲小人之行。「人」，庫作「民」。

十六葉二行注　伊尹放之桐。○阮元《校記甲》：伊尹放之桐。「桐」下史記集解有「宫」字。阮元《校記乙》同。

十六葉二行經　作其即位。「作」，要作「及」。

十六葉三行經　不敢侮鰥寡。○《定本校記》：不敢侮鰥寡。燉煌本無「敢」字。

十六葉三行注　思集用光。○物觀《補遺》：思集用光。〔古本〕「用」作「由」。○阮元《校記甲》：思集用光。「用」，古本作「由」。

十六葉四行注　依仁政。○阮元《校記甲》：依仁政。史記集解「政」下有「也」字。

十六葉五行釋文　惸。求營反。字又作煢。「又」上殿、庫無「字」字。

十六葉六行經　三十有三年。「三十」，石作「卅」。

十六葉六行注　故得乆年。「乆」，要作「九」。○山井鼎《考文》：故得乆年。〔古本〕下有「之」字。○阮元《校記甲》：故得乆年。古本下衍「之」字。

十六葉七行注　殷家亦祖其功。○物觀《補遺》：殷家亦祖其功。〔古本〕無「亦」字。○阮元《校記甲》：殷家亦祖其功。古本無「亦」字。○《定本校記》：殷家亦祖其功。燉煌本、内野本、神宫本、足利本無「亦」字，清原宣賢手鈔本引家本亦無。

十六葉八行注　故稱祖。○《定本校記》：故稱祖。燉煌本作「故稱之者也」。

十六葉八行疏　所言行不義。惟亦爲王。○盧文弨《拾補》：所言行不義，惟亦爲王。元本「所」下空二字，又有二「之」字，明有脱文。○《定本校記》：所言行不義。「所」，疑當作「雖」。

十六葉十一行疏　故特辯之。「辯」，單、魏、十、永、阮作「辨」，八作「辦」。

十六葉十三行疏　逃於人間。「間」，單、八作「閒」。○阮元《校記甲》：逃於人間。「人」，纂傳作「民」。

十六葉十四行疏　是爲帝甲淫亂。○浦鏜《正字》：是爲帝甲。下脱「帝甲」二字。○盧文弨《拾補》：是爲帝甲淫亂。「帝甲」，浦云二字重。○《定本校記》：是爲帝甲淫亂。浦氏云：「帝甲」二字當重。

十六葉十四行疏　則帝甲是淫亂之主。　「主」，魏作「王」。

十六葉十五行疏　祖庚之賢。誰所傳說。　「傳」，毛作「傅」。○浦鏜《正字》：祖庚之賢，誰所傳說。「傳」，毛本誤「傅」。○盧文弨《拾補》：祖庚之賢，誰所傳說。毛本「傳」作「傅」。「傅」當作「傳」。○阮元《校記甲》：誰所傳說。「傳」，十行、閩、監俱作「傅」，是也。

十六葉十六行疏　事出何書。妄造此語。　「造」上「妄」字處阮爲一字空白。

十六葉十六行疏　是負武丁而誣祖甲也。　「負」，魏、永作「貟」。

十六葉十七行疏　彼鄭言公劉之遷豳。　「豳」，魏、永作「豳」。

十七葉二行疏　於此云太甲。　「此」，八作「比」。「太」，殿作「大」。

十七葉四行疏　故祖甲在太戊武丁之下。　「太」，單作「大」。

十七葉六行注　從是三王。　「王」，纂作「三」。

十七葉七行注　生則逸豫無度。　「無」，王作「旡」。

十七葉八行注　言與小人之子同其敝。　「與」，王作「与」。○山井鼎《考文》：同其敝。〔古本〕下有「也」字。「敝」作「弊」。○盧文弨《拾補》：言與小人之子同其敝。古本「敝」作「弊」。○阮元《校記甲》：同其敝。「敝」，古本、纂傳俱作「弊」。

十七葉九行注　惟樂之從。　○物觀《補遺》：惟樂之從。〔古本〕「樂」上有「耽」字。○盧文弨《拾補》：惟耽樂之從。「耽」，毛本脱，古本有。○阮元《校記甲》：惟樂之從。「樂」上古本有「躭」字。阮元《校記乙》同。○《定本校記》：惟樂之從。「樂」上内野本、神宮本、足利本有「耽」字，清原宣賢手鈔本引家本亦有。

十七葉十一行注　亦無有能壽考。「無」，王作「无」。○山井鼎《考文》：亦無有能壽考。〔古本〕「考」作「者」。○盧文弨《拾補》：亦無有能壽考。「考」，古本作「者」。○阮元《校記甲》：亦無有能壽考。「考」，古本作「者」。○《定本校記》：亦無有能壽考。燉煌本無「考」字。内野本、神宮本、足利本「考」作「者」，清原宣賢手鈔本引家本亦然。

十七葉十一行經　或四三年。「四三」，要作「三四」。○《定本校記》：或四三年。「四三」二字，内野本、神宮本倒，清原宣賢手鈔本引家本亦然。

十七葉十五行經　厥亦惟我周太王王季。「太」，魏作「大」。

十七葉十六行注　太王。周公曾祖。「太」，纂、魏作「大」。

十七葉十六行注　王季即祖。○山井鼎《考文》：王季即祖。〔古本〕下有「也」字。○盧文弨《拾補》：王季即祖。「祖」下古本有「也」字。○阮元《校記甲》：王季即祖。「祖」下古本有「也」字。

十七葉十六行注　言皆能以義自抑畏。敬天命。「畏」，十、阮作「長」。○阮元《校記甲》：畏敬天命。「畏」，十行本誤作「長」。○阮元《校記乙》：長敬天命。各本「長」皆作「畏」，形近之譌。○張鈞衡《校記》：畏敬天命。阮本「畏」作「長」。

十七葉十八行注　以就田功。○《定本校記》：以就田功。燉煌本、神宮本無「以」字，清原宣賢手鈔本引家本亦無。

十八葉一行注　以知稼穡之艱難。○《定本校記》：以知稼穡之艱難。燉煌本乙、内野本、神宮本無「知」字，清原宣賢手鈔本引家本亦無。

十八葉一行釋文　畀。如字。馬本作俾。「畀」下纂、魏、平有「服」字。「俾」，平作「併」。

十八葉一行經　徽柔懿恭。懷保小民。惠鮮鰥寡。○盧文弨《拾補》：徽柔懿恭，懷保小民，惠鮮鰥寡。石經「恭」作「共」，「民」作「人」，「鮮」作「于」，「鰥」作「矜」。

十八葉二行注　以美政恭民。○《定本校記》：以美政恭民。「恭」，燉煌本乙、内野本、神宮本作「供」，燉煌本甲作「供待」二字。

十八葉三行注　又加惠鮮乏鰥寡之人。○山井鼎《考文》：又加惠鮮乏鰥寡之人。〔古本〕「加惠」下有「於」字。○盧文弨《拾補》：又加惠鮮乏鰥寡之人。「惠」下古本有「於」字。○阮元《校記甲》：又加惠鮮乏鰥寡之人。「惠」下古本有「於」字。○《定本校記》：又加惠鮮乏鰥寡之人。「惠」下内野本、神宫本、足利本有「於」字。

十八葉四行經　自朝至于日中昃。　○阮元《校記甲》：自朝至于日中昃。陸氏曰：「昃」本亦作「仄」。阮元《校記乙》同。

十八葉五行釋文　昃。音側。本亦作仄。　「亦」，纂、魏作「又」。「仄」，平、十作「反」。

十八葉五行釋文　昳。田節反。　「節」，平、十、永作「莭」。

十八葉五行經　文王不敢盤于遊田。以庶邦惟正之供。　○阮元《校記甲》：文王不敢盤于遊田，以庶邦惟正之供。按：後漢書郅惲傳注引此經云：「文王不敢槃于游田，目萬人惟政之共」。阮元《校記乙》同。

十八葉六行注　文王不敢樂於遊逸田獵。　「文」，李作「又」。

十八葉八行注　文王九十七而終。中身。即位時年四十七。　○山井鼎《考文》：中身即位。〔古本〕「身」下有「則」字。「時年四十七」，〔古本〕下有「也」字。○盧文弨《拾補》：文王九十七而終，中身，即位時年四十七。「中身」二字疑衍。古本有「則」字。「四十七」下，古本有「也」字。○阮元《校記甲》：中身，即位時年四十七。「身」下古本有「則」字。○《定本校記》：中身，即位時年四十七。「身」下燉煌本、内野本、神宫本、足利本有「則」字。

十八葉九行注　舉全數。　○《定本校記》：舉全數。「數」，燉煌本乙、内野本、神宮本作「稱」，清原宣賢手鈔本引家本亦然。

十八葉九行疏　周公至十年。　「十」，阮作「七」。

十八葉十行疏　其惟我周家太王王季。　「太」，單、八、十、永、阮作「大」。

十八葉十一行疏　以美道柔和其民。　「民」，平作「或」。

十八葉十二行疏　又加恩惠於鮮乏鰥寡之人。　「乏」，毛作「之」。○物觀《補遺》：鮮之。〔宋板〕「之」作「乏」。○浦鏜《正字》：又加恩惠于鮮乏鰥寡之人。「乏」，毛本誤「之」。○阮元《校記甲》：又加恩惠於鮮之鰥寡之人。上「之」字宋板、十行、閩、監俱作「乏」。按：「之」字非也。

十八葉十二行疏　自朝旦至于日中及昃。　「旦」，八作「且」。「于」，單、八、魏、平作「於」。「昃」，平作「昊」。

十八葉十三行疏　用善政以諧和萬民故也。　○阮元《校記甲》：用善政以諧和萬民故也。按：「諧」字疑當作「皆」。阮元《校記乙》同。○《定本校記》：用善政以諧和萬民故也。阮氏云：「諧」字疑當作「皆」。

十八葉十三行疏　以巳爲衆國所取法。「以」，十作「於」。

十八葉十三行疏　惟當正心行巳。以供待之。「心」，單、八、魏、平、永、阮作「身」。○物觀《補遺》：正心行巳。〔宋板〕「心」作「身」。○盧文弨《拾補》：惟當正身行己。毛本「身」作「心」。「心」當作「身」。○阮元《校記甲》：惟當正心行已，以供待之。「心」，宋板、十行俱作「身」。○阮元《校記乙》：惟當正身行已，以供待之。宋板同。毛本「身」作「心」。

十八葉十四行疏　太王至父祖。「太」，單、八、十、永、阮作「大」。「祖」，平作「袓」。

十八葉十五行疏　太王。周公曾祖。「太」，單、八、十、永、阮作「大」。

十八葉十六行疏　故本其父祖。「本」，平作「夲」。

十八葉十六行疏　解其言此之意。「解」，平作「觧」。

十八葉十六行疏　以義自抑而不爲耳。「自」下「抑」字處單爲空白。

十八葉十七行疏　立君所以牧人。「君」，平作「功」。

十八葉十八行疏　故持云田功。「持」，單、八、魏、平、十、永、閩、殿、庫、阮作「特」。

十九葉一行疏　徽柔配懷。「懷」，單作「懐」。

十九葉三行疏　故別言加惠於鮮乏鰥寡之人也。「鮮」，魏作「祥」。

十九葉五行疏　易豐卦象曰。　「豐」，平作「豊」。

十九葉五行疏　日中則昃謂過中而斜昃也。　「則」下「昃」平作「昊」。

十九葉五行疏　昃亦名昳。　「昃」，平作「昊」。

十九葉六行疏　或至於日昃。　「昃」，平作「昊」。

十九葉六行疏　故經中昃並言之。　「昃」，平作「昊」。

十九葉七行疏　古人自有複語。　「複」，單、八、魏、平、要、十、永、閩作「復」。

十九葉八行疏　釋詁云。盤。樂也。　○浦鏜《正字》：釋詁云，盤，樂也。「盤」，爾雅作「般」。○盧文弨《拾補》：釋詁云。盤，樂也。浦云爾雅「盤」作「般」。○阮元《校記甲》：釋詁云。盤，樂也。孫志祖云：「盤」，爾雅作「般」。阮元《校記乙》同。

十九葉十行疏　言文王思爲政道。　○《定本校記》：言文王思爲政道。「政」，疑當作「正」。

十九葉十行疏　禮有田獵而不敢者。　「而」下魏重「不」字。

十九葉十一行疏　故不敢非時田獵以爲樂耳。　「田」，單、八、平、十、永、阮作「畋」。○阮元《校記甲》：故不敢非時田獵以爲樂耳。「田」，十行本作「畋」。○阮元《校記乙》：故不敢非時畋獵以爲樂耳。岳(毛)本「畋」作「田」。

十九葉十二行疏　禮記文王世子文也。　「王」，單、八、魏、平作「子」。○《定本校記》：禮記文王世子文也。「王」，單疏、〔足利〕八行誤作「子」，今從十行本。

十九葉十三行疏　半折以爲中身。　「折」，十、永作「拆」。

十九葉十四行疏　受殷王嗣位之命。　「嗣」，平作「嗣」。

十九葉十四行疏　然殷之末世。　「末」，毛作「未」。○物觀《補遺》：殷之末世。〔宋板〕「末」作「末」。○浦鏜《正字》：然殷之末世。「末」，毛本誤「未」。○盧文弨《拾補》：然殷之末世。毛本「末」作「未」。「末」當作「末」。○阮元《校記甲》：然殷之末世。「末」，宋板、十行、閩、監俱作「末」，是也。

十九葉十四行疏　政教已衰。　「已」，要作「以」。

十九葉十四行疏　何以皆待王命。　「以」，單、八、魏、平、要、十、永、阮作「必」。○山井鼎《考文》：何以皆待王命。〔宋板〕「以」作「必」。○盧文弨《拾補》：何必皆待王命。毛本「必」作「以」。「以」當作「必」。○阮元《校記甲》：何以皆待王命。「以」，宋板、十行俱作「必」，是也。

十九葉十六行經　則其無淫于觀。于逸。于遊。于田。以萬民惟正之供。　○盧文弨《拾補》：則其無淫于觀，于逸，于遊，于田，以萬民惟正之供。石經作「其毋淫于酒毋劮于遊田維正之共」。今所傳者失其「毋淫于酒」四字及「正之」二字。

十九葉十七行注　所以無敢過於觀遊逸豫田獵者。「無」，王作「无」。○《定本校記》：所以無敢過於觀遊逸豫田獵者。内野本、神宫本無「者」字。

十九葉十八行注　用萬民當惟正身以供待之故。○《定本校記》：用萬民當惟正身以供待之故。燉煌本、内野本、神宫本無「供」字，清原宣賢手鈔本引家本亦無。

十九葉十八行經　無皇曰。今日耽樂。○盧文弨《拾補》：無皇曰。「無皇」，石經作「毋兄」。

二十葉二行注　無敢自暇曰。「無」，王作「无」。「暇」，李作「暇」。

二十葉二行注　惟今日樂。後日止。○山井鼎《考文》：惟今日樂，後日止。〔古本〕作「惟今日樂，樂後日止也」。○阮元《校記甲》：惟今日樂，後日止。古本作「惟今日樂，樂後日止也」。阮元《校記乙》同。

二十葉二行注　夫耽樂者。○《定本校記》：夫耽樂者。燉煌本、内野本、神宫本無「者」字。

二十葉三行注　是人則大有過矣。○阮元《校記甲》：是人則大有過矣。「是」，纂傳作「其」。

二十葉三行釋文　慾。起虔反。　「虔」，魏作「虔」。

二十葉五行注　戒嗣王無如之。　「無」，王作「无」。

二十葉七行疏　所以不得然者。　「者」，毛作「考」。○山井鼎《考文》：不得然考。〔宋板〕所以不得然者。毛本「者」作「考」。○盧文弨《拾補》：所以不得然者。「者」，毛本誤「考」。○阮元《校記甲》：所以不得然考。「考」作「者」。○浦鏜《正字》：所以不得然者。「者」，毛本誤「考」。○阮元《校記甲》：所以不得然考。「考」，宋板、十行、閩、監俱作「者」。按：「考」字非也。

二十葉七行疏　王當正巳身以供待萬民。　「供」，毛作「洪」。「待」下單、八、魏、平、毛、殿、庫有「之也以身供待」六字。○山井鼎《考文》：以洪待之也。[正誤]「洪」當作「供」。物觀《補遺》：宋板「洪」作「供」。○浦鏜《正字》：王當正巳身以供待之也，以身供待萬民。上「供」字毛本誤「洪」。監本脱「之也以身供待」六字。○盧文弨《拾補》：王當正已身以供待之也。毛本「供」作「洪」。「洪」當作「供」。○阮元《校記甲》：王當正已身以洪待之也，以身供待萬民。「洪」，宋板作「供」。十行、閩、監俱無「洪待之也以身」六字。○阮元《校記乙》：王當正已身以供待萬民。閩本、明監本同。毛本「以」下有「洪待之也以身」六字，與宋板合。宋板「洪」作「供」。

二十葉八行疏　無敢自閑暇曰。　「無」，魏、毛作「不」。○物觀《補遺》：不敢自閑暇。〔宋板〕「不」作「無」。○盧文弨《拾補》：無敢自閑暇。毛本「無」作「不」。「不」當作「無」。○阮元《校記甲》：不敢自閑暇曰。「不」，宋板、十行、閩、監俱作「無」。

二十葉九行疏　莫如殷王受之迷亂國政。　「迷」，十作「述」，永、阮作「述」。○張鈞衡《校記》：如殷王受之迷亂國政。阮本「迷」作「述」，誤。

二十葉十一行疏　後王盡皆戒之。　「王」，魏作「出」。

二十葉十二行疏　淫。放恣也。　「放」，永作「於」。

二十葉十二行疏　淫者侵淫不止。　「侵」，要作「浸」。○浦鏜《正字》：淫者侵淫不止。「侵」當作「浸」。○盧文弨《拾補》：淫者侵淫不止。「侵」，浦云當作「浸」。○阮元《校記甲》：侵淫不止。浦鏜云：「侵」當作「浸」。阮元《校記乙》同。

二十葉十二行疏　皆是過之義也。　「義」，要作「意」。

二十葉十二行疏　言觀爲非時而行違禮觀物。如春秋隱公如棠觀魚。　「如」，毛作「加」。○物觀《補遺》：加棠觀魚。〔宋板〕「加」作「如」。○浦鏜《正字》：觀爲非時而行云云，如春秋隱公如棠觀。「爲」，疑「謂」字誤。「如棠」之「如」，毛本誤「加」。○盧文弨《拾補》：言觀爲非時而行。「爲」，浦疑「謂」。又：如春秋隱公如棠觀魚。下「如」字毛本作「加」。

「加」當作「如」。○阮元《校記甲》：如春秋隱公加棠觀魚。「加」，宋板、十行、閩、監俱作「如」。按：「加」字非也。

二十葉十四行疏　遊。謂遊蕩。「蕩」，毛作「湯」。○山井鼎《考文》：遊，謂遊湯。正誤「湯」當作「蕩」。物觀《補遺》：宋板「湯」作「蕩」。○浦鏜《正字》：遊，謂遊蕩。「蕩」，毛本誤「湯」。○盧文弨《拾補》：遊，謂遊蕩。毛本「蕩」作「湯」。「湯」當作「蕩」。○阮元《校記甲》：遊，謂遊湯。「湯」，宋板、十行、閩、監俱作「蕩」，是也。

二十葉十四行疏　田。謂田獵。「獵」上「田」字單、要作「畋」，八作「畋」。○山井鼎《考文》：田，謂田獵。〔宋板〕下「田」作「畋」。○盧文弨《拾補》：田，謂畋獵。毛本「畋」作「田」。「田」當作「畋」。○阮元《校記甲》：田，謂田獵。「田」，宋板作「畋」。阮元《校記乙》同。

二十葉十四行疏　故每事言於。「言」下要無「於」字。「於」，毛、殿、庫作「于」。

二十葉十四行疏　以。訓用也。「訓」上要有「此」字。

二十葉十四行疏　王者惟當正身待之。「惟」，永作「推」。

二十葉十五行疏　謂事不寬不暇。○浦鏜《正字》：謂事不寬不暇。「寬」字監本誤。

二十葉十五行疏　故言曰耽以爲樂惟今日樂而後日止。「故」，十作「敌」。

二十葉十六行疏　夫耽樂者。乃非所以教民。「夫」，毛作「天」。○盧文弨《拾補》：夫耽樂者乃非所以教民。毛本「夫」作「天」。「天」當作「夫」。

二十葉十七行疏　酗從酒。以凶爲聲。「酒」，單、八、魏、平、要、十、永、毛、阮作「酉」。○浦鏜《正字》：酗從酒，以凶爲聲。「酒」，毛本誤「酉」。○阮元《校記甲》：酗從酉。「酉」，閩、監俱誤作「酒」。按：浦鏜以毛本爲誤，非也。○阮元《校記乙》：酗從酉。閩本、明監本「酉」誤「酒」。毛本「酉」不誤。浦鏜以毛本爲誤，非也。

二十一葉一行疏　以酗酒爲德。飲酒爲政。「政」，毛作「文」。○山井鼎《考文》：飲酒爲文心。〔宋板〕「文」作「政」。正、嘉同。○浦鏜《正字》：以酗酒爲德，飲酒爲政。「政」，毛本誤「文」。○盧文弨《拾補》：以酗酒爲德，飲酒爲政。毛本「政」作「文」。「文」當作「政」。○阮元《校記甲》：飲酒爲文。「文」，宋板、十行、閩、監俱作「政」。按：山井鼎但云：正、嘉與宋板同。考神廟監本亦作「政」。○阮元《校記乙》：飲酒爲政。宋板、閩本、明監本同。毛本「政」改作「文」，非也。按：山井鼎云：正、嘉與宋板同。考神廟監本亦作「政」。

二十一葉四行經　民無或胥譸張爲幻。　「幻」，李作「幼」。

二十一葉四行注　故下民無有相欺誑幻惑也。　「無」，王作「无」。○山井鼎《考文》：欺誑幻惑也。〔古本〕「也」上有「者」字。○盧文弨《拾補》：故下民無有相欺誑幻惑也。古本「惑」下有「者」字。○阮元《校記甲》：故下民無有相欺誑幻惑也。「也」上古本有「者」字。

二十一葉五行釋文　幻。音患。誑。九況反。　「幻」上王、纂、魏、殿有釋文「譸，竹求反。馬本作輈，爾雅及詩作侜，同。侜張，誑也」十九字，平有「譸，竹求反，馬本作輈，爾雅及詩竹侜，同。侜張，誑也」十九字，庫有「譸，竹求反。馬本作[巾+舟]，爾雅及詩作侜，同。侜張，誑也」十九字。「幻」，纂作「勾」。○山井鼎《考文》：[補脱]譸，竹求反。馬本作輈，爾雅及詩作侜，同。侜張，誑也〔據經典釋文〕。[謹按]當在「幻，音患」上。○浦鏜《正字》：「譸，竹求切，馬本作輈，爾雅及詩作侜，同」。一十五字脱。

二十一葉五行經　此厥不聽。人乃訓之。乃變亂先王之正刑。　○盧文弨《拾補》：此厥不聽，人乃訓之。乃變亂先王之正刑。石經「聽」作「聖」。「之」、「乃」二字石經無。「先王之」三字石經無。

二十一葉六行經　至于小大。　「于」，要作「於」。

二十一葉七行注　至于小大。　「大」，十作「太」。

二十一葉七行注　無不變亂。　「無」，王作「无」。

二十一葉九行注　否則其口詛祝。　「詛」，王作「詛」。

二十一葉十一行疏　古人之雖君明臣良。猶尚相訓告以善道。　「人之」，單、八、平、殿、庫作「之人」。○山井鼎《考文》：古人之雖君明臣良。〔宋板〕「古人之」作「古之人」。○浦鏜《正字》：古人之雖君明臣良，猶尚相訓誥。「人之」字當誤倒。○盧文弨《拾補》：古之人雖君明臣良。「之人」，毛本作「人之」。從宋本乙。○阮元《校記甲》：古人之雖君明臣良。「古人之」，宋板作「古之人」。按：宋板不誤。阮元《校記乙》同。

二十一葉十四行疏　否則其口詛祝之。　「之」，單、八、魏、毛作「上」。○浦鏜《正字》：否則其口詛祝上。「上」，監本誤「之」。○阮元《校記甲》：否則其口詛祝上。「上」，十行、閩、監俱作「之」。

二十一葉十六行疏　隱三年左傳石碏曰。　「三」，十作「二」。

二十一葉十七行疏　譸張。誑也。　○阮元《校記甲》：譸張，誑也。孫志祖云：爾雅作「侜張」。阮元《校記乙》同。

二十一葉十七行疏　釋訓文。　「文」，十、永作「又」。

二十二葉一行疏　此其至致之。　「致」，魏作「教」。

二十二葉一行疏　此說惡事如此。其不聽者。是不聽中正之君也。　○浦鏜《正字》：如此其不聽者，是不聽中正之君也。「如」，疑衍字。○盧文弨《拾補》：如此其不聽者。「如」，浦云衍。○《定本校記》：如此其不聽者。「如」，疑當作「知」。

二十二葉二行疏　知此。則訓之者。　「知」，庫作「如」。「則」，單、八、魏、平、要作「乃」。○物觀《補遺》：知此則。〔宋板〕「則」作「乃」。○盧文弨《拾補》：知此，乃訓之者。毛本「乃」作「則」。「則」當作「乃」。○阮元《校記甲》：知此，則訓之者。「則」，宋板作「乃」。按：「則」字非也。阮元《校記乙》同。

二十二葉二行疏　是邪佞之人訓之也。　「是」，毛作「此」。○阮元《校記甲》：此邪佞之人訓之也。「此」，十行、閩、監俱作「是」。

二十二葉三行疏　闇君即受用之。　「受」下要無「用」字。

二十二葉三行疏　至於小大無不變亂。　「於」，要作「于」。

二十二葉四行疏　亦是已有致上之。言胥。此不言者。　「上之」，單、八、殿、庫作「之上」。○山井鼎《考文》：亦是已有致上之言胥。〔宋板〕「上之」作「之上」。○浦鏜《正字》：亦是已有致上之，言胥，此不言者。「上之」二字當誤倒。○盧文弨《拾補》：亦是已有致之，上言胥，此不言者。「之上」，毛本作「上之」，從宋本乙。○阮元《校記甲》：亦是已有致上之言胥。「上之」二字宋板倒。

二十二葉五行疏　君任佞臣。「任」，阮作「在」。

二十二葉五行疏　以君至其上。「上」，阮作「土」。○張鈞衡《校記》：傳以君至其上。阮本「上」作「土」，誤。

二十二葉六行疏　言皆患上而爲此也。「上」，阮作「土」。

二十二葉七行疏　謂告神明令加殃咎也。「神」，八作「神」。

二十二葉八行疏　詩曰。侯詛侯祝。○浦鏜《正字》：詩曰：侯詛侯祝。「詛」，詩作「作」，音同。

二十二葉八行經　周公曰。嗚呼。自殷王中宗。及高宗。及祖甲。「嗚」，八作「嗚」。○山井鼎《考文》：自殷王中宗，及高宗，及祖甲。〔古本〕作「自殷王及中宗，及高宗，下及祖甲」。○阮元《校記甲》：周公曰：嗚呼，自殷王中宗，及高宗，及祖甲。古本「殷王」下有「及」字，「高宗」下有「下」字。按：古本無義，不可從。阮元《校記乙》同。

二十二葉十行注　皆蹈智明德以臨下。　「蹈」，永作「蹈」。○《定本校記》：皆蹈智明德以臨下。内野本、神宮本無「德」字，清原宣賢手鈔本引家本亦無。

二十二葉十一行經　則皇自敬德。　○盧文弨《拾補》：則皇自敬德。石經「皇」作「兄」。

二十二葉十一行注　言小人怨詈汝者。　○《定本校記》：言小人怨詈汝者。燉煌本、内野本、神宮本無「汝」字，清原宣賢手鈔本引家本亦無。

二十二葉十二行注　增脩善政。　「脩」，王、纂、魏、平、岳、十、永、庫、阮作「修」。

二十二葉十二行釋文　詈。力智反。　「智」，纂作「致」。

二十二葉十三行注　其人有過。　「過」，阮作「禍」。○張鈞衡《校記》：其人有過。阮本「過」作「禍」，誤。○《定本校記》：其人有過。「人」，燉煌本乙、内野本、神宮本作「民」，清原宣賢手鈔本引家本亦然。

二十二葉十四行注　在予一人。　○山井鼎《考文》：在予一人。〔古本〕下有「也」字。

二十二葉十五行疏　周公言而歎曰。　「言而」，永作「而言」。

二十二葉十六行疏　嗚呼。自殷王中宗。及高宗。　「嗚」，八作「鳴」。「中宗」下要無「及高宗」三字。「高宗」，平作「高宗」。

二十二葉十六行疏　皆蹈明智之道。　「蹈」，永作「蹈」。

二十二葉十七行疏　則大自敬德。　「大」，永作「天」。

二十二葉十七行疏　更增脩善政。　「脩」，單、八、要、十、永、毛、阮作「修」。

二十二葉十八行疏　乃欲得數聞此言。　「欲」，要作「從」。

二十二葉十八行疏　以自敃悔。　「敃」，平作「敯」。

二十三葉一行疏　謂增脩善政也。　「脩」，單、八、平、十、永、毛、阮作「修」。

二十三葉四行疏　乃自願言其愆。　「言」，單、八、魏、平、十、永、毛、殿、庫、阮作「聞」。○浦鏜《正字》：乃自願聞其愆。「聞」，監本誤「言」。○阮元《校記甲》：乃自願聞其愆。閩、監本誤作「言」。

二十三葉四行疏　不但不敢含怒。　「但」上平無「不」字。

二十三葉五行經　人乃或譸張爲幻。　「幻」，李作「幼」。

二十三葉七行釋文　憾。胡暗反。　「憾。胡暗反」，毛作「暗。憾胡反」。○物觀《補遺》：暗，憾胡反。〔經典釋文〕作「憾，胡暗反」。○浦鏜《正字》：憾，胡暗切。毛本誤「暗，憾胡切」。

二十三葉八行經　不永念厥辟。　「念」，魏作「命」。

二十三葉九行注　言含怒。　○阮元《校記甲》：言含怒。「怒」，葛本作「怨」，誤。

二十三葉九行經　亂罰無罪。　「亂」，殿作「亂」。

二十三葉十行注　罰殺無罪。　要「罰」作「罪」，「罪」作「辠」。「無」，王作「无」。○《定本校記》：罰殺無罪。「罪」，燉煌本甲作「辠」，燉煌本乙、内野本、神宮本作「理」，清原宣賢手鈔本引家本亦然。

二十三葉十一行注　叢聚於其身。　「聚」，要作「萃」。

二十三葉十一行釋文　叢。才公反。　「公」，纂、魏、平作「工」。○阮元《校記甲》：叢，才工反。「工」，十行本、毛本俱作「公」。

二十三葉十一行疏　此其不聽中正之人。　「此」，魏作「殺」。

二十三葉十二行疏　則知是信讒者。　「知」，單、八作「如」。○山井鼎《考文》：則知是信讒者。〔宋板〕「知」作「如」。○浦鏜《正字》：則如是信讒者。「如」誤「知」。○盧文弨《拾補》：則如是信讒者。毛本「如」作「知」。「知」當作「如」。○阮元《校記甲》：則知是信讒者。「知」，宋板作「如」。

二十三葉十三行疏　**罰無罪。殺無辜。**　「殺」上十、阮無「罪」字。○阮元《校記甲》：罰無罪，殺無辜。十行本脱「罪」字。○阮元《校記乙》：罰無殺無辜。毛本「無」下有「罪」字，此誤脱也。○張鈞衡《校記》：罰無罪。阮本脱「罪」字，校勘記云：毛本有「罪」字，此本不脱。

二十三葉十四行疏　**乃令人怨益甚。**　○阮元《校記甲》：乃令人怨益甚。「益」，纂傳作「愈」。

二十三葉十四行疏　**言褊急使民之怨若是。**　「褊」，單、八、魏、平、十、永、阮作「褊」。

二十三葉十四行疏　**教成王勿學此也。**　「教」下殿、庫無「成」字。

二十三葉十五行疏　**正義曰。君人者。**　「君人」，平作「人君」。

二十三葉十六行疏　**王肅讀辟爲辟。扶亦反。**　「讀」，庫作「謂」。「扶亦反」，單、八、要作雙行小字，爲疏文之注。○盧文弨《拾補》：王肅讀辟爲辟，扶亦反。案：「扶亦反」三字本旁書，乃疏中之注。

二十三葉十六行疏　**不長念其刑辟。**　「不」，單作「下」。

二十三葉十六行經　**周公曰。嗚呼。嗣王其監于茲。**　○盧文弨《拾補》：周公曰：嗚呼。石經「嗚呼」作「於戲」，無下「其」字。

君奭第十八

二十三葉十八行經　君奭第十八　「奭」，李作「奭」。

二十四葉二行釋文　保。太保也。師。太師也。馬云。保氏師氏。皆大夫官。相。音息亮反。左右。馬云。分陝爲二伯。東爲左。西爲右。　「保，太保也」上纂、魏、平有「爲」字。「保，太保也」，阮作「傅，太保也」，王作「保，大保也」。「師，太師也」上纂、魏、平有「爲」字。「太師」，纂作「大師」。「保氏」，平作「保比」。「相」下纂、平、殿、庫無「音」字。「左右」，阮作「左有」。「東」，平作「作」。「爲保，太保也。爲師，太師也」至「東爲左。西爲右」三十九字釋文魏在注文「故以名篇」下。○張鈞衡《校記》：左右。阮本「右」作「有」，誤。

二十四葉四行經　周公作君奭。　「奭」，李作「奭」。

二十四葉五行經　君奭　「奭」，李作「奭」。

二十四葉五行注　奭名。同姓也。　○山井鼎《考文》：奭名，同姓也。〔古本〕「同」上有「周」字。○盧文弨《拾補》：奭名，周同姓也。「周」，毛本脱，古本有。○阮元《校記甲》：同姓也。「同」上古本有「周」字。阮元《校記乙》同。○《定本校記》：同姓也。「同」上内野本、神宫本、足利本有「周」字，清原宣賢手鈔本引家本亦有。

二十四葉六行注　故以名篇。　〇山井鼎《考文》：故以名篇。〔古本〕下有「也」字。

二十四葉六行釋文　説。音悦。　「説」上平有「不」字。

二十四葉六行釋文　奭。始亦反。　「始亦反」下纂、魏、平、毛、殿、庫有「召公名」三字。

二十四葉六行疏　「召公至君奭〇正義曰」至「亦謬矣」。　〇浦鏜《正字》：「召公」至「謬矣」。三百九十六字當在上序下。〇盧文弨《拾補》：召公至君奭。自此起至「言賢聖兼此官，亦謬矣」當在序下。〇疏文「召公至君奭〇正義曰」至「亦謬矣」定本移至經文「周公作君奭」下。《定本校記》：君奭。此經傳〔足利〕八行本在「周公作君奭」下，今從殿本、浦氏。

二十四葉七行疏　召公以周公嘗攝王之政。　「嘗」，要作「常」。「王」下單、八、魏、平、要無「之」字。

二十四葉七行疏　其意不説。　「説」下要有雙行小字「傳無此意」四字。

二十四葉八行疏　立太師太傅太保茲惟三公。　「太保」，閩作「大保」。

二十四葉九行疏　而不言太者。　「太」，平作「大」。

二十四葉十二行疏　皆説巳留在王朝之意。　「朝」，十作「朝」。

二十四葉十二行疏　則召公不説周公之留也。　「周」下要無「公」字。

二十四葉十三行疏　然則召公大賢。　「然」下要無「則」字。

二十四葉十五行疏　成王既幼。　「幼」，魏、阮作「幻」。○張鈞衡《校記》：成王既幼。阮本「幼」作「幻」，刻誤。

二十四葉十五行疏　當國踐阼。　「國」，單、八、要作「因」。○《定本校記》：當國踐阼。「國」，單疏本誤作「因」。

二十四葉十七行疏　亦謬矣。　「謬」上要無「亦」字。

二十四葉十八行疏　富辰言文王之子。一十六國。無名奭者。　「一」，要作「燕」。○浦鏜《正字》：文王之子云云無名奭者。「奭」，監本誤「東」。○阮元《校記甲》：無名奭者。「奭」，監本誤作「東」。

二十五葉一行疏　譙周考校古史。　「校」，毛作「挍」。

二十五葉二行疏　原公名豐。　「豐」，要、十、永作「豊」。

二十五葉三行疏　并原豐爲一。　「豐」，要、十、永作「豊」。

二十五葉五行經　周公若曰君奭。　「奭」，李作「奭」。

二十五葉五行注　順古道呼其名而告之。　「而」，王作「以」。

二十五葉五行經　弗弔。　○山井鼎《考文》：弗弔。〔古本〕「弗」作「不」。「弗永」、「弗克」、「弗戡」並同。

二十五葉七行注　殷巳墜失其王命。　「巳」上李無「殷」字。

二十五葉七行注　我有周道至巳受之。　○山井鼎《考文》：巳受之。〔古本〕下有「矣」。○阮元《校記甲》：巳受之。古本下有「矣」字。○《定本校記》：巳受之。「之」下燉煌本、内野本、神宫本、足利本有「矣」字。

二十五葉八行經　我不敢知曰。厥基永孚于休。　○山井鼎《考文》：厥基永孚于休。〔古本〕「厥」作「其」。下「厥亂明我新造邦」同。○《定本校記》：曰厥基永孚于休。内野本、神宫本無「曰」字，清原宣賢手鈔本引家本亦無。

二十五葉九行注　廢興之跡。　「跡」，纂作「迹」。

二十五葉九行注　亦君所知。　○山井鼎《考文》：亦君所知。〔古本〕下有「也」字。

二十五葉九行注　順天輔誠。　○浦鏜《正字》：順天輔誠。「誠」，監本誤「誠」。○阮元《校記甲》：順天輔誠。「誠」，監本誤作「誠」。

二十五葉十行注　所以國也。○《定本校記》：所以國。「國」下各本有「也」字，與疏標題不合，今删。

二十五葉十行釋文　棐。音匪。「音匪」下纂、魏、平、殿、庫有「又芳鬼反」四字。○山井鼎《考文》：補脱又芳鬼反〔據經典釋文〕。謹按當在「棐，音匪」下。○浦鏜《正字》：棐，音匪。下脱「又芳鬼切」四字。

二十五葉十行經　其終出于不祥。○盧文弨《拾補》：其終出于不祥。「終」，石經作「道」。

二十五葉十一行注　亦君所知。「知」下纂、殿、庫有「終，馬本作祟，云充也」八字釋文，魏、毛有「終，馬本作祟，云受也」八字釋文，平有「其終。終，馬本作祟，云充也」十字釋文。○山井鼎《考文》：終，馬本作祟，云受也。經典釋文「受」作「充」。○浦鏜《正字》：「終，馬本作祟，云充也」八字，監本脱。「充」，監(毛)本誤「受」。○阮元《校記甲》：其終，馬本作祟，云充也。「充」，毛本誤作「受」。

二十五葉十四行疏　我不敢獨知。殷家其初始之時。「之」下平無「時」字。○盧文弨《拾補》：我不敢獨知，曰殷家其初始之時。「曰」，毛本脱。

二十五葉十六行疏　正義曰。「正」，十作「王」。

二十五葉十六行疏　孔以召誥云我不敢知者。　「誥」，毛作「詔」。○山井鼎《考文》：孔以召詔云。正誤「詔」當作「誥」。物觀《補遺》：宋板「詔」作「誥」。○盧文弨《拾補》：孔以召誥云。毛本「誥」作「詔」。「詔」當作「誥」。○阮元《校記甲》：孔以召詔云。「詔」，宋板、十行、閩、監俱作「誥」。按：「詔」誤。

二十六葉一行注　歎而言曰君也。當是我之留。　「也」，八、李、王、纂、平、岳作「巳」，魏作「亦」。○山井鼎《考文》：歎而言曰君也。〔古本〕「也」作「巳」，宋板同。○浦鏜《正字》：歎而言曰君也，當是我之留。「也」當「巳」字誤。○岳本《考證》：歎而言曰君巳。殿本、閣本「巳」並作「也」，訛。○盧文弨《拾補》：歎而言曰君巳。毛本「巳」作「也」。「也」當作「巳」。○阮元《校記甲》：歎而言曰君也。「也」，古、岳、宋板、纂傳俱作「巳」，與疏合。○阮元《校記乙》：歎而言曰君也。古本、岳本、纂傳「也」作「巳」，與疏合。

二十六葉一行注　我亦不敢安于上天之命。　○《定本校記》：我亦不敢安於上天之命。燉煌本、内野本、神宮本無「亦」字，清原宣賢手鈔本引家本亦無。

二十六葉二行注　故不敢不留。　○山井鼎《考文》：故不敢不留。〔古本〕下有「也」字。

二十六葉二行釋文　巳。音以。　「巳」上平有「君」字。

二十六葉二行經　曰我民罔尤違。　「曰」，石、八、李、王、纂、魏、平、岳、十、永、閩、毛、阮作「越」。○岳本《考證》：越我民罔尤違。「越」，殿本作「曰」。○阮元《校記甲》：越我民罔尤違。「越」，蔡傳本作「曰」。盧文弨云：宋元以來本無不作「越」字，蔡傳亦以「於」爲訓，似亦本作「越」字。按：唐石經亦作「越」。阮元《校記乙》同。

二十六葉三行注　言君不長遠念天之威。而動化於我民。　「動」，八、李、王、纂、魏、平、岳、十、永、閩、阮作「勤」。○山井鼎《考文》：而動化於我民。〔古本〕「動」作「勤」，宋板同。謹按但萬曆、崇禎本作「動」。○物觀《補遺》：念天之威而。〔古本〕下有「尤違」二字。○浦鏜《正字》：而勤化於我民。「勤」誤「動」。○岳本《考證》：勤化于我民。「勤」，殿本、閣本並作「動」。○盧文弨《拾補》：而勤化於我民。毛本「勤」作「動」。「動」當作「勤」。○阮元《校記甲》：而動化於我民。「而」下古本有「尤違」二字，似誤。「動」，古、岳、葛本、宋板、十行、閩本、纂傳俱作「勤」。○阮元《校記乙》：而勤化於我民。「而」下古本有「尤違」二字，似誤。毛本「勤」作「動」。

二十六葉三行注　使無過違之闕。　○山井鼎《考文》：過違之闕。〔古本〕下有「也」字。

二十六葉五行注　惟衆人共存在我後嗣子孫。　○《定本校記》：惟衆人共存在我後嗣子孫。

内野本、神宫本無「我」字。

二十六葉六行注　我老在家。則不得知。○山井鼎《考文》：則不得知。〔古本〕下有「之也」二字。○盧文弨《拾補》：我老在家，則不得知。「知」下古本有「之也」二字。○阮元《校記甲》：則不得知。古本下有「之也」二字。

二十六葉七行釋文　遏。於葛反。「反」下纂、魏、平、殿、庫有「徐音謁絶反。佚，音逸」八字，毛有「徐音渴絶反。佚，音逸」八字。○山井鼎《考文》：遏，徐音渴絶反。〔經典釋文〕「渴」作「謁」。○浦鏜《正字》：遏，於葛切，徐音謁絶切。監本脱「徐音謁絶切」五字。「謁」，毛本誤「渴」。○阮元《校記甲》：遏，徐音謁絶反。「謁」，毛本改作「渴」。

二十六葉七行經　天命不易。○《定本校記》：天命不易。内野本、神宫本無「天」字。

二十六葉七行經　乃其墜命。○阮元《校記甲》：乃其墜命。「墜」下唐石經本有「厥」字，後磨改。阮元《校記乙》同。

二十六葉九行注　不可不慎。○山井鼎《考文》：不可不慎。〔古本〕下有「乎」字。○阮元《校記甲》：不可不慎。古本下有「乎」字。○《定本校記》：不可不慎。内野本、神宫本作「可不慎乎」，清原宣賢鈔本引家本亦然。

二十六葉九行釋文　易。以豉反。　「易」上平有「不」字。「豉」，纂、魏作「豉」，毛作「鼓」。○物觀《補遺》：易，以鼓反。〔經典釋文〕「鼓」作「豉」。○浦鏜《正字》：易，以豉切。「豉」，毛本誤「鼓」。

二十六葉十行注　繼先王之大業。　○《定本校記》：繼先王之大業。燉煌本、内野本、神宮本無「之」字。

二十六葉十行注　正在我今小子旦。　「正」，王作「王」。「我今」，八、李、王、纂、魏、岳、毛作「今我」。○山井鼎《考文》：正在我今小子旦。〔古本〕「我今」作「今我」，宋板同。○浦鏜《正字》：正在今我小子旦。「今我」字監本誤倒。○阮元《校記甲》：正在今我小子旦。山井鼎曰：古本「我今」作「今我」，宋板同。按：葛本、十行、閩、監俱作「我今」，毛本却不誤，鼎失撿耳。纂傳亦作「今我」。○阮元《校記乙》：正在我今小子旦。毛本「我今」作「今我」。山井鼎曰：古本「我今」作「今我」，宋板同。按：葛本、閩本、明監本俱作「我今」，毛本却不誤，鼎失撿耳。纂傳亦作「今我」。

二十六葉十一行注　言異於餘臣。　○《定本校記》：言異於餘臣。内野本、神宮本無「於」字。

二十六葉十二行注　但欲蹈行先王光大之道。　「但」，八、阮作「伹」。

二十六葉十二行注　施政于我童子。「政」，阮作「正」。「于」，岳、阮作「於」。

二十六葉十三行疏　嗚呼至沖子。「嗚」，平作「烏」，永作「鳴」。

二十六葉十五行疏　共誠心存在我後嗣子孫。「共」，平作「其」。「嗣」，單作「嗣」。

二十七葉一行疏　但欲蹈行先王光大之道。「但」，阮作「但」。

二十七葉六行注　惟安寧王之德。「王」，李作「工」。

二十七葉六行注　謀欲延久。「久」下纂、魏、殿、庫有釋文「我道，馬本作我迪。去，如字，又起呂反」十六字，毛有釋文「我道，馬本作我迪。去之，上如字，又起呂反」十四字。○山井鼎《考文》：去，女字，又起呂反，平有釋文「我道，馬本作我迪。去，女字，又起呂反」十四字。○浦鏜《正字》：「我道，馬本作我廸。去，如字，又起呂切」一十四字監本脱。「如」，毛本誤「女」。〔經典釋文〕作「去之，上如字，又起呂反」。

二十七葉七行注　言天不用令釋廢於文王所受命。○物觀《補遺》：令釋廢於文王。〔古本〕無「廢」字。○阮元《校記甲》：言天不用令釋廢於文王所受命。古本無「廢」字。

二十七葉七行注　故我留佐成王。○《定本校記》：故我留佐成王。燉煌本、内野本、神宫本無「留」字。

二十七葉七行疏　又曰至受命。　「又」，十作「乂」。

二十七葉十行疏　鄭云人又云。　「又」，十作「乂」。

二十七葉十二行經　公曰。君奭。我聞在昔。　「奭」，李作「奭」。○《定本校記》：公曰：君奭，我聞在昔。燉煌本無「奭」字，内野本、神宫本無「君奭」二字。

二十七葉十三行注　巳放桀受命爲天子。　「放」，永作「於」。○山井鼎《考文》：受命爲天子。〔古本〕下有「也」字。

二十七葉十四行注　尹摯佐湯。　「尹」，李作「伊」。○山井鼎《考文》：尹摯佐湯。謹按古本「尹摯」作「伊尹」，後改作「伊摯」，未知孰是。○盧文弨《拾補》：伊摯佐湯。毛本「伊」作「尹」，古本作「伊」，與燕世家集解所引合。宋本疏同。當作「伊」。○阮元《校記甲》：尹摯佐湯。「尹」，史記集解作「伊」。山井鼎曰：「尹摯」，古本作「伊尹」，後改作「伊摯」。按：古本後改者，正與史記集解合，亦與宋板疏標目合。阮元《校記乙》同。○《定本校記》：伊摯佐湯。内野本、神宫本如此，清原宣賢手鈔本引家本亦然。燉煌本「伊」下有「尹」字，足利本「摯」作「尹」，注疏本「伊」作「尹」，皆非。

二十七葉十四行注　功至大天。　「天」，李作「大」，十、阮作「夫」。○阮元《校記甲》：功至大天。「天」，十行本誤作「夫」。○阮元《校記乙》：功至大夫。毛本「夫」作「天」，是也。

二十七葉十四行注　謂致太平。○山井鼎《考文》：謂致太平。〔古本〕下有「也」字，「太」作「泰」。○阮元《校記甲》：謂致太平。「太」，古本作「泰」。

二十七葉十四行釋文　摯。音至。「摯」上平有「尹」字。

二十七葉十五行注　太甲繼湯。「太」，李作「大」。

二十七葉十六行注　所取平。○山井鼎《考文》：所取平。〔古本〕下有「也」字。

二十七葉十六行經　在太戊。「戊」，閩作「戊」。

二十七葉十七行經　時則有若伊陟臣扈。「伊」上纂無「若」字。

二十七葉十七行注　率伊尹之職。○山井鼎《考文》：率伊尹之職。〔古本〕「率」作「帥」。○盧文弨《拾補》：伊陟臣扈，率伊尹之職。古本「率」作「帥」。○阮元《校記甲》：率伊尹之職。「率」，古本作「帥」。

二十八葉一行注　言不及二臣。○山井鼎《考文》：言不及二臣。〔古本〕下有「也」字。「如此巫賢」下、「後有傳説」下，下註「其王人」下、「侯甸之服」下並同。○阮元《校記甲》：言不及二臣。「言」下史記集解有「其」字。

二十八葉四行注　後有傳説。　「傳」，八、李、纂、平作「傳」，永作「傳」。

二十八葉四行疏　言時有若者。　「時」下單、八、魏、平、要有「則」字。○山井鼎《考文》：言時有若者。宋板「時」下有「則」字。○盧文弨《拾補》：言時則有若者。「則」，毛本脱，宋本有。○阮元《校記甲》：言時有若者。「時」下宋板有「則」字，是也。阮元《校記乙》同。

二十八葉四行疏　言當其時。有如此人也。　○阮元《校記甲》：言當其時，有如此人也。「人」上纂傳有「之」字。

二十八葉六行疏　亦言其爲天子之時。　「其」下要無「爲」字。

二十八葉六行疏　成湯未爲天子已得伊尹。　「未」，要作「末」。

二十八葉七行疏　故言既受命也。　「也」，要作「者」。

二十八葉九行疏　蓋功劣於彼三人。　「彼」，庫作「後」。

二十八葉九行疏　尹摯至太平。　「尹」，單、八作「伊」。○山井鼎《考文》：尹摯至太平。〔宋板〕「尹」作「伊」。謹按傳文作「尹摯」，此作「伊摯」。按：古本舊作「伊尹」，後改「尹」作「摯」。古本後改者，恐有據也。○阮元《校記甲》：傳尹摯至太平。「尹」，宋板作「伊」。山井鼎曰：傳文作「尹摯」，此作「伊摯」。按古本後改者，恐有据也。按：宋板於傳雖作

「尹」，於疏則作「伊」，是也。阮元《校記乙》同。

二十八葉十行疏　多有其文。　「多」，阮作「名」。

二十八葉十一行疏　據太甲之篇。　「篇」，十作「扁」。

二十八葉十一行疏　太甲大臣。　「太」，平作「大」。

二十八葉十二行疏　商頌那祀成湯。　「那」，單作「䢊」。

二十八葉十五行疏　史記殷本紀云。　「記」，要作「紀」。

二十八葉十五行疏　子沃丁立。崩。弟太庚立。　「崩」上要有「沃丁」二字。

二十八葉十六行疏　弟太戊立。　「太」上魏無「弟」字。

二十八葉十七行疏　孔於咸乂序傳云太戊沃丁弟之子。　「乂」，平作「又」。

二十八葉十八行疏　此伊陟臣扈。　「扈」，十作「扈」。

二十八葉十八行疏　如此二臣。　「如」，單、八、魏、平作「知」。〇山井鼎《考文》：如此二臣。〔宋板〕「如」作「知」。〇盧文弨《拾補》：知此二臣能率循伊尹之職。毛本「知」作「如」。「如」當作「知」。〇阮元《校記甲》：如此二臣。「如」，宋板作「知」。

二十九葉二行疏　則湯初有臣扈。　「扈」，十作「扈」。

二十九葉三行疏　或兩字一誤也。　「誤」下要無「也」字。

二十九葉四行疏　俱能紹治王家之事而已。　○《定本校記》：俱能紹治王家之事而已。「俱」，疑當作「但」。

二十九葉五行疏　則祖乙是太戊之孫也。　「祖」上要無「則」字。「太」，單、八、平作「大」。「戊」，魏作「戍」。

二十九葉五行疏　孔以其人稱祖。　「孔」，平作「孫」。

二十九葉六行疏　相傳云然。　「傳」，庫作「傅」。

二十九葉六行疏　高祖至傅説。　「祖」，單、八、魏、平、十、永、閩、阮作「宗」。「傅」，永作「傳」。○阮元《校記甲》：傳高祖至傅説。「祖」，十行、閩本俱作「宗」。按：「祖」字非也。

二十九葉六行疏　説命篇高宗云。　「説」，阮作「孔」。○劉承幹《校記》：説命篇。阮本「説」作「孔」，誤。此類甚夥，不勝枚舉。○張鈞衡《校記》：説命篇。阮本「説」作「孔」，誤。

二十九葉十一行注　享國長久。　「長久」，八、李、王、纂、魏、平、要、岳、十、永、阮作「久長」。○物觀《補遺》：享國長久。〔古本〕「長久」作「久長」，宋板同。○浦鏜《正字》：故殷禮能升配天，享國久長。「久長」字誤倒。○盧文弨《拾補》：故殷禮能升配天，享國久長。「久長」，從古本、宋、元本乙。毛本作「長久」，誤倒。○阮元《校記甲》：享國長久。「長久」二字，古、岳、葛本、宋板、十行、閩本、纂傳俱倒，與疏合。

二十九葉十一行注　多歷年所。「所」下王、纂、魏、毛有釋文「治，直吏反，下同」六字，平、殿、庫有釋文「安治，直吏反，下同」七字。

二十九葉十二行注　惟天大佑助其王命。「惟天」，纂、岳作「天惟」。「助」，八作「助」。○《定本校記》：天惟大佑助其王命。岳本、燉煌本、内野本、神宮本、清原宣賢手鈔本如此。足利本、注疏本倒「天惟」二字，非。

二十九葉十四行疏　率循此爲臣之道有陳列之功。「列」，魏、十、永、阮作「烈」。○阮元《校記甲》：有陳列之功。「列」，十行本誤作「烈」，下同。○阮元《校記乙》：有陳烈之功。毛本「烈」作「列」。案：「烈」字誤，下同。

二十九葉十五行疏　天惟大佑助其爲王之命。「助」，八作「助」。

二十九葉十五行疏　則使商家富實百姓。「實」，魏作「貴」。

二十九葉十五行疏　爲令使商之百姓。○《定本校記》：爲令使商之百姓。「爲令」字疑有譌。

二十九葉十七行疏　故有陳列於世。「列」，魏、十、永、阮作「烈」。

二十九葉十八行疏　故謂之升爲天之子是配也。「配」下單、八、魏、平有「天」字。○山井鼎《考文》：爲天之子是配也。〔宋板〕「配」下有「天」字。○盧文弨《拾補》：爲天之子是配天也。下「天」字，毛本脱。○阮元《校記甲》：是配也。「配」下宋板有「天」字。阮元《校記乙》同。

三十葉一行疏　天惟大佑助其王命。「助」，八作「助」。

三十葉一行疏　倉廩實。「廩」，十作「稟」。

三十葉二行經　明恤小臣屏侯甸。「明」，要作「時」。

三十葉二行注　自湯至武丁。「武」，八作「戊」。

三十葉三行注　明憂其小臣。○物觀《補遺》：憂其小臣。〔古本〕「憂」作「恤」。○阮元《校記甲》：明憂其小臣。「憂」，古本作「恤」。

三十葉四行注　以爲蕃屏侯甸之服。「蕃」，纂作「藩」。

三十葉四行注　則大臣可知。○《定本校記》：則大臣可知。燉煌本、内野本、神宫本無「則」字。

三十葉四行釋文　屏。賔領反。「屏」，十作「居」。「賔」，阮作「賓」。○張鈞衡《校記》：屏，賓領反。阮本「賓」作「賓」，誤。

三十葉七行注　用治其君事。○山井鼎《考文》：治其君事。〔古本〕下有「乎」字。○阮元《校記甲》：用治其君事。古本下有「乎」字。○《定本校記》：用治其君事。「事」下燉煌本、内野本、神宫本、足利本有「乎」字。

三十葉七行經　故一人有事于四方。○《定本校記》：故一人有事于四方。内野本、神宫本無「有」字，清原宣賢手鈔本引家本亦無，燉煌本作「故有一民事于四方」。

三十葉十四行疏　無不持德立業。「德」下要無「立業」二字。

三十葉十四行疏　謂持人君之德。「持」，平作「背」。

三十葉十四行疏　官得其人。「官」，閩作「宫」。

三十葉十五行疏　以爲蕃屏侯甸之服也。「蕃」，平作「藩」。

三十葉十六行疏　臣之微者。「臣」，阮作「巨」。

三十葉十七行疏　故此章所陳。「此」上要無「故」字。

三十葉十七行疏　臣皆舉賢。「皆」，單、八、魏、平、要、十、永、閩、阮作「能」。○阮元《校記甲》：臣皆舉賢。「皆」，十行、閩本俱作「能」。○阮元《校記乙》：臣能舉賢。閩本同。毛本「能」作「皆」。

三十葉十八行疏　況其臣下。　「下」上要無「臣」字。

三十一葉二行疏　莫不治理。　「莫」，要作「無」。

三十一葉三行經　有殷嗣。　「嗣」上要無「有殷」二字。

三十一葉四行注　言天壽有平至之君。　「言」，平、十、永、阮作「信」。○阮元《校記甲》：言天壽有平至之君。毛本「言」，十行本誤作「信」。○阮元《校記乙》：信天壽有平至之君。毛本「信」作「言」。案：「信」字誤。

三十一葉五行注　天滅亡加之以威。　「以」，十、永、阮作「有」。○阮元《校記甲》：加之以威。「以」，十行本誤作「有」。○阮元《校記乙》：加之有威。毛本「有」作「以」。案：「有」字誤。○《定本校記》：天滅亡加之以威。内野本、神宫本無「以」字，清原宣賢手鈔本引家本亦無。

三十一葉六行經　厥亂明我新造邦。　「明」上要無「厥亂」二字。

三十一葉六行注　今汝長念平至者安治。　要「平」作「至」，「至」下無「者安治」三字。

三十一葉九行疏　殷之先王有平至之德。　「德」上永無「之」字。

三十一葉九行疏　故能安治有殷。　「有」下永無「殷」字。

三十一葉九行疏　言故得安治也。　○《定本校記》：言故得安治也。「言故」疑當作「有殷」，或「言」下當有「有殷」二字。

三十一葉十一行疏　至。謂道有所至也。言不弔。　「也」，單、八、魏、平、永作「上」。○山井鼎《考文》：至，謂道有所至也。〔宋板〕「也」作「上」，屬下句。○盧文弨《拾補》：至，謂道有所至。毛本下「至」下有「也」字，宋本作「上」，屬下句。○阮元《校記甲》：至，謂道有所至也。「也」，宋板作「上」，屬下句。

三十一葉十二行疏　則知中宗高宗之屬身是也。　「則」，單、八、魏、平作「即」。要「中」上無「則知」二字，「是」上無「身」字。○浦鏜《正字》：則知中宗高宗之屬身是也。「知」疑「如」字誤。「則」、「身」二字疑衍。○盧文弨《拾補》：則如中宗高宗之屬是也。「則」，毛本衍。「如」，毛本作「知」，譌。「屬」下毛本有「身」字，衍。俱浦校。○阮元《校記甲》：則知中宗高宗之屬身是也。盧文弨、浦鏜並云「則」、「身」二字俱衍，「知」當作「如」。阮元《校記乙》同。○《定本校記》：即知中宗高宗之屬身是也。浦氏云：「知」疑「如」字誤，「身」字疑衍。

三十一葉十五行疏　不可不法殷家有良臣也。　「良」，十作「艮」。

三十一葉十五行疏　鄭注以爲傳言臣事。　「傳」，單、八、魏、平作「專」，要作「専」。○山井鼎《考文》：鄭註以爲傳言臣事。〔宋板〕「傳」作「專」。○盧文弨《拾補》：鄭注以爲專言臣事。毛本「專」作「傳」。「傳」當作「專」。○阮元《校記甲》：鄭注以爲傳言臣事。「傳」，宋板作「專」。按：「傳」字誤。阮元《校記乙》同。

三十二葉一行經　公曰。君奭。在昔上帝割。申勸寧王之德。　○殿本《考證》：在昔上帝割，申勸寧王之德。李光地曰：緇衣引君奭曰「在昔上帝周由觀文王之德」，葢數字皆以相似而誤也。○岳本《考證》：在昔上帝割，申勸寧王之德。案：緇衣引此作「在昔上帝周由觀文王之德」。李光地謂數字皆以相似而誤。○《定本校記》：公曰君奭在昔上帝。此節疏〔足利〕八行本在後文「有若南宮括」下，今移。燉煌本、神宮本無「奭」字。

三十二葉二行注　在昔上天。　「天」，要作「帝」。

三十二葉三行注　故能成其大命於其身。　○《定本校記》：故其能成大命於其身。內野本、神宮本、足利本如此，清原宣賢手鈔本引家本亦然。燉煌本「成」下有「王」字，注疏本作「故能成其大命於其身」，皆非。

三十二葉三行注　謂勸德以受命。　「勸」，李、纂、魏作「勸」。○山井鼎《考文》：「謂勸德以受命」下、「文王弟夭名」下、「禦侮之任」下，〔古本〕共有「也」字。下註「蹈有天禄」下、

「謂之易治」下並同。

三十二葉四行釋文　重直用反。　「直」上平有「觀上」二字。「用」，纂作「庸」。

三十二葉五行注　文王庶幾能修政化。　○《定本校記》：文王庶幾能修政化。燉煌本、内野本、神宫本無「化」字，清原宣賢手鈔本引家本亦無。

三十二葉七行注　閎氏。號國。叔字。文王弟。夭名。　「夭」，阮作「天」。○阮元《校記甲》：閎氏，號國，叔字，文王弟夭名。「閎氏」二字纂傳在「夭名」上。按：王氏録諸家説，往往竄易字句，多不足据。然此處孔傳原文實不可解，故存以俟考。阮元《校記乙》同。

三十二葉七行釋文　虢。寡白反。　「白」，永作「曰」，閩作「臼」。

三十二葉七行釋文　徐公伯反。　「伯」，纂作「百」。

三十二葉八行注　散。泰。南宫。皆氏。　「泰」，要作「宜」。○岳本《考證》：散、泰、南宫，皆氏。案：漢書古今人表女皇堯妃散宜氏。據此則孔傳不當，但以「散」爲氏也。

三十二葉九行注　佐文王爲胥附奔走。　○阮元《校記甲》：佐文王爲胥附奔走，先後禦侮之任。陸氏曰：「奔」又作「本」，「走」又作「奏」，音同。阮元《校記乙》同。○《定本校記》：爲胥附奔走，先後禦侮之任。「走」，内野本、神宫本作「奏」。

三十二葉九行注　先後禦侮之任。　「禦侮之任」下王、纂、魏、平、毛、殿、庫、薈有釋文「散，素但反。顛，丁田反，又音田。南宮括，工活反。南宮，氏。括，名也。馬本作南君。胥附，毛詩作疏附。傳曰：率下親上曰疏附。鄭箋云：疏附，使疏者親也。奔走，奔又作本，走又作奏，音同。詩傳云：喻德宣譽曰奔奏。鄭箋云：奔走使人歸趣。先後，上悉薦反，下户豆反。毛詩傳云：相導前後曰先後。禦侮，詩傳曰：武臣折衝曰禦侮」一百十八字。平「散，素但反」作「散亘，上素但反」。毛「毛詩傳云」作「毛傳云」，「衝」作「衡」。庫「奔走」作「奔奏」。餘同。○殿本《考證》：監本脱音義共一百十八字，今從舊本及毛本增補。○浦鏜《正字》：武臣折衝曰禦侮。「衝」，毛本誤「衡」。監本音義脱。○阮元《校記甲》：南宮括，土活反。「土」，葉本、毛本俱作「工」，是也。又：禦侮，武臣折衝曰禦侮。毛居正曰，「曰」作「日」，誤。

三十二葉十行疏　公曰君奭至厥躬。 「厥躬」，八作「宮括」。○山井鼎《考文》：公曰君奭至厥躬。〔宋板〕「厥躬」作「宮括」。○盧文弨《拾補》：公曰君奭至厥船。「厥船」，宋本作「宮括」。案：下語止及首節，後人因改之。○阮元《校記甲》：公曰君奭至厥躬。「厥躬」，宋板作「宮括」。按：宋本不誤。阮元《校記乙》同。○《定本校記》：公曰君奭至厥躬。「厥躬」，〔足利〕八行本作「宮括」，恐非。

三十二葉十一行疏　故文王能成大命於其身。　「大」，十、永、阮作「之」。○阮元《校記甲》：故文王能成大命於其身。「大」，十行本誤作「之」。○阮元《校記乙》：故文王能成之命於其身。毛本「之」作「大」。案：「之」字誤。

三十二葉十三行疏　故其能成大命於其身。　「大」，永作「天」。

三十二葉十三行疏　正謂勤行德義。　「正」，阮作「王」。○張鈞衡《校記》：正謂勤行德義。阮本「正」作「王」，誤。

三十二葉十四行疏　庶幾能修政化。　「修」，閩作「脩」。

三十二葉十五行疏　是號叔爲文王之弟。號國名。　「弟」下單、八、要有「也」字。

三十二葉十五行疏　凡言人之名氏。　「氏」，庫作「字」。

三十二葉十六行疏　故閎散泰南宮皆氏。　「氏」，魏、十、阮作「是」。○阮元《校記甲》：故閎散泰南宮皆氏。「氏」，十行本誤作「是」。○阮元《校記乙》：故閎散泰南宮皆是。毛本「是」作「氏」。案：所改是也。

三十二葉十七行疏　相道前後曰先後。　「道」，十、永、阮作「通」。○阮元《校記甲》：相道前後曰先後。「道」，十行本誤作「通」。○阮元《校記乙》：相通前後曰先後。毛本「通」作「道」。案：「通」字誤。

三十二葉十八行疏　奔奏使人歸趨之。　「趨」，魏、平、十、阮作「趍」，永作「超」。

三十三葉一行疏　非一臣當一事也。　「臣」，要作「人」。

三十三葉一行疏　太師教文王以大德。　「教」，阮作「致」。○張鈞衡《校記》：太師教文王以大德。阮本「教」作「致」。

三十三葉一行疏　周公謙不可以自比。　○浦鏜《正字》：周公謙不可以自比。「可」，衍字。從詩疏挍。

三十三葉二行經　又曰。無能往來。　○山井鼎《考文》：又曰無能往來。〔古本〕「無」作「亡」。下「誕無我責」、「無疆惟休」、「無疆之恤」並同。

三十三葉三行注　猶曰其少無所能往來。　「其」，李、平作「甚」。

三十三葉五行注　亦須良佐。　「佐」，十作「佑」。「佐」下王、纂、魏、平、毛、殿、庫有釋文「蔑，徐亡結反」五字。

三十三葉五行經　亦惟純佑。　「惟」，魏作「維」。○山井鼎《考文》：亦惟純佑秉德。〔古本〕「佑」作「佐」。○阮元《校記甲》：亦惟純佑秉德。「佑」，古本作「佐」。

三十三葉五行經　秉德迪知天威。　○山井鼎《考文》：迪知天威。〔古本〕「威」作「畏」。○盧文弨《拾補》：迪知天威。古本「威」作「畏」。○阮元《校記甲》：迪知天威。「威」，古本作「畏」。

三十三葉六行注　文王亦秉德蹈知天威。　「文」，永作「乂」。

三十三葉七行注　乃惟是五人明文王之德。　○《定本校記》：乃惟是五人明文王之德。燉煌本、九條本無「之」字。

三十三葉七行經　冒聞于上帝。　「冒」，阮作「旨」。

三十三葉八行注　言能明文王德。　○《定本校記》：言能明文王德。「王」下内野本、神宮本、足利本有「之」字。

三十三葉九行釋文　見。賢遍反。　「見」上平有「迪」字。

三十三葉九行釋文　冒。莫報反。　○浦鏜《正字》：冒莫報切。「莫」，監本誤「其」。

三十三葉九行釋文　聞音問。或如字。　「聞」下平有「于上」二字。「問」，阮作「聞」。○張鈞衡《校記》：聞音問。阮本仍作「聞」，誤。

三十三葉十行疏　五人以此道法。　「五」，永作「王」。

三十三葉十一行疏　下政令於國人。　○《定本校記》：下教令於國人。「教」，疑當作「政」。

三十三葉十一行疏　惟爲天所大佑。　「大」，永作「天」。

三十三葉十二行疏　文王德如此者。「德」，單、八作「得」。○山井鼎《考文》：文王德如此者。〔宋板〕「德」作「得」。○盧文弨《拾補》：文王得如此者。毛本「得」作「德」。「德」當作「得」。○阮元《校記甲》：文王德如此者。「德」，宋板作「得」。阮元《校記乙》同。

三十三葉十三行疏　猶須良佐。「佐」，十作「佑」。

三十三葉十四行疏　有五至良佐。「佐」，十、阮作「佑」。○張鈞衡《校記》：傳有五至良佐。阮本「佐」作「佑」，誤。

三十三葉十四行疏　我臣既少。「臣」，單作「巨」。

三十三葉十六行疏　亦須良佐。「佐」，十作「佑」。

三十三葉十六行疏　以見成王須輔佐之甚也。「佐」，十作「佑」。

三十三葉十七行經　武王惟茲四人。「茲」，要作「此」。

三十四葉一行釋文　相。息亮反。「相」上平有「輔」字。

三十四葉一行經　誕將天威。○山井鼎《考文》：誕將天畏。〔古本〕作「誕畏天畏」。○盧文弨《拾補》：誕將天威。古本作「誕畏天畏」。○阮元《校記甲》：誕將天威。古本作「誕將天畏」。阮元《校記乙》同。

三十四葉二行注　言此四人。　○《定本校記》：言此四人。燉煌本、九條本、内野本、神宮本無「此」字，清原宣賢手鈔本引家本亦無。

三十四葉二行注　後與武王。　「武」，十作「文」。

三十四葉四行注　大盡舉行其德。　「盡」，永作「尽」。○《定本校記》：大盡舉行其德。燉煌本、九條本、神宮本無「其」字，清原宣賢手鈔本引家本亦無。

三十四葉五行疏　武功初立。　「功」，平、庫作「王」。

三十四葉六行疏　謂共誅紂也。　「共」，阮作「其」。○張鈞衡《校記》：謂共誅紂也。阮本「共」作「其」，誤。

三十四葉七行疏　十三年方始殺紂。　「始」，阮作「得」。○阮元《校記甲》：十三年方始殺紂。「始」，十行本作「得」。

三十四葉九行疏　鄭玄疑不知誰死。　「疑」，十作「言」。

三十四葉十三行注　今任重在我小子旦。　「旦」，平作「但」。

三十四葉十三行注　不能同於四人。　「人」，十、永、阮作「方」。○阮元《校記甲》：不能同於四人。「人」，十行本誤作「方」。

三十四葉十三行注　我往與汝奭其共濟渡。　「與」，王作「与」。

三十四葉十四行注　成王同於未在位即政時。　「王」，魏作「任」，永作「在」。

三十四葉十五行經　我則鳴鳥不聞。　○阮元《校記甲》：我則鳴鳥不聞。陸氏曰：本或作「鳴鳳」者，非。阮元《校記乙》同。

三十四葉十六行注　今與汝留輔成王。　○《定本校記》：今與汝留輔成王。燉煌本、九條本、内野本、神宫本無「成」字，清原宣賢手鈔本引家本亦無。

三十四葉十七行注　立此化。而老成德不降意爲之。　○《定本校記》：立此化而老成德不降意爲之。「不」下燉煌本甲有「肯」字。

三十四葉十八行注　况曰其有能格于皇天乎。　「皇天乎」下王、纂、魏、平、毛、殿、庫有釋文「造，才老反，一音七到反。鳴鳥，馬云：鳴鳥謂鳳凰也，本或作鳴鳳者非」二十六字。王「馬云」上無「鳴鳥」二字。「馬云鳴鳥」，平作「馬云鳴鳴」。「凰」，王、平、殿、庫作「皇」。○浦鏜《正字》：「造，才老切，一音七到切。鳴鳥，馬云：鳴鳥謂鳳凰也，本或作鳴鳳者非」二十六字監本脱。○《定本校記》：况曰其有能格于皇天乎。燉煌本乙、九條本、内野本、神宫本無「于」字。

三十五葉二行疏　譬如遊於大川。　「遊」，單、八作「游」，平作「遊」。

三十五葉五行疏　周公既已還政。　「已」，單、八、要作「以」。○山井鼎《考文》：周公既已還政。〔宋板〕「已」作「以」。○阮元《校記甲》：周公既已還政。「已」，宋板作「以」。

三十五葉六行疏　仍是周公之責以嗣子劣弱。　「責」，單、八作「負」，要作「貟」。

三十五葉六行疏　故言今任重猶在我小子旦也。　「今」，魏作「又」。

三十五葉七行疏　佐成王業。　「佐」，十、阮作「佑」。

三十五葉七行疏　惟求救溺而已。　「溺」，魏、阮作「弱」。○張鈞衡《校記》：惟求救溺而已。阮本「溺」作「弱」，誤。

三十五葉七行疏　則游者入水浮渡之名。　「浮」，魏作「孚」。○浦鏜《正字》：則游者入水浮渡之名。「入」，監本誤「人」。

三十五葉八行疏　譬若成王在大川。　「在」下單、八、魏、平、要有「於」字。

三十五葉八行疏　其同共濟渡成王。　「濟渡」，要作「渡濟」。

三十五葉九行疏　今與汝留輔成王者。　「王」下魏無「者」字。

三十五葉十行疏　我周家則鳴鳳尚不聞知。　「不」下單、八有「得」字。

三十五葉十二行疏　因即傳言巳類。「傳」，單、魏、平作「博」，八作「愽」。○山井鼎《考文》：因即傳言巳類。〔宋板〕「傳」作「博」。○盧文弨《拾補》：因即博言巳類。毛本「博」作「傳」。「傳」當作「博」。○阮元《校記甲》：因即傳言巳類。「傳」，宋板作「博」。阮元《校記乙》同。

三十五葉十四行疏　鳳皇鳴矣。「鳴」，阮作「鳥」。

三十五葉十四行疏　故以喻焉。「故」，單、八、魏、平、永、阮作「固」。○山井鼎《考文》：故以喻焉。〔宋板〕「故」作「固」。○阮元《校記甲》：故以喻焉。「故」，宋板、十行俱作「固」。○阮元《校記乙》：固以喻焉。宋板同。毛本「固」作「故」。○《定本校記》：固以喻焉。「固」，閩本改作「故」。

三十五葉十五行疏　見太平矣。「太」，平作「大」。

三十五葉十六行疏　故以鳴鳳況之。「況」，阮作「如」。○阮元《校記甲》：故以鳴鳳泥（況）之格天。「況」，十行本誤作「如」。○阮元《校記乙》：故以鳴鳳如之格天。毛本「如」作「況」。案：「如」字誤。○張鈞衡《校記》：故以鳴鳳況之。阮本「況」作「如」，誤。

三十五葉十七行疏　此以鳴鳳易致。況格天之難者乎。○浦鏜《正字》：此以鳴鳥易致，況格天之難者。下「乎」字當衍文。○盧文弨《拾補》：此以鳴鳥易致，況格天之難者。毛本

「者」下有「乎」字，衍。○《定本校記》：況格天之難者乎。浦氏云「乎」字當衍文。

三十五葉十八行疏　記以龍鳳有形。　「龍鳳有形」，魏作「鳳有有形」。

三十六葉一行經　亦大惟艱。　○《定本校記》：亦大惟艱。「艱」，内野本、神宫本、足利本作「難」。

三十六葉三行注　不可輕忽謂之易治。　「治」下王、纂、魏、毛、殿、庫有「朝，直遥反。易，以豉反」八字釋文，平有「以朝，直遥反。之易，以豉反」十字釋文。「豉」，王、庫作「豉」。○浦鏜《正字》：「朝，直遥切。易，以豉切」八字，監本脱。

三十六葉三行經　告君乃猷裕。　「裕」，李、王、纂、十、永作「裕」。「猷」下魏無「裕」字。

三十六葉四行注　我留與汝輔王。　「與」，王作「与」。

三十六葉六行疏　請視此朝臣無能立功之事。　「請」，單、八、魏、平、十、永、阮作「謂」。○山井鼎《考文》：請視此朝臣。〔宋板〕「請」作「謂」。○盧文弨《拾補》：謂視此朝臣。毛本「謂」作「請」。「請」當作「謂」。○阮元《校記甲》：請視此朝臣無能立功之事。「請」，宋板、十行俱作「謂」。按：「請」字非也。

三十六葉十行疏　召公不説似隘急。　「隘」，平作「監」。

三十六葉十行疏　故今謀於寬裕也。　「今」，魏、平作「令」。「裕」，魏、平、十、永作「裕」。○山井鼎《考文》：故今謀於寬裕也。〔宋板〕「今」作「令」。○浦鏜《正字》：故今謀於寬裕也。「今」，疑「令」字誤。○盧文弨《拾補》：故今謀於寬裕也。毛本「令」作「今」。「今」當作「令」。○阮元《校記甲》：故今謀於寬裕也。「令」，宋本作「令」。按：宋本是也。阮元《校記乙》同。

三十六葉十二行注　爲汝民立中正矣。　「矣」下王、殿、庫有釋文「爲，于僞反」四字，纂、魏、毛有釋文「爲汝，于僞反」五字，平有釋文「爲汝民，上于僞反」七字。○山井鼎《考文》：爲汝民立中正矣。〔古本〕作「爲汝民立中正之教矣」。○浦鏜《正字》：爲汝，于僞切。五字監本脱。○盧文弨《拾補》：爲汝民立中正矣。古本「正」下有「之教」二字。○阮元《校記甲》：爲汝民立中正矣。「正」下古本有「之教」二字。阮元《校記乙》同。○《定本校記》：爲汝民立中正矣。「正」下九條本有「教」字，内野本、神宫本、足利本有「之教」二字，清原宣賢手鈔本引家本亦有「之教」二字。

三十六葉十三行注　在於誠信。行此大命而已。　「誠」，平、永、阮作「成」。「行此大命而已」下王、纂、魏、平、毛、殿、庫有釋文「亶，丁但反」四字。○《定本校記》：在於誠信，行此大命而已。「在」字，燉煌本甲、九條本無。「此」字，燉煌本甲無。

三十六葉十四行經　惟文王德丕承無疆之恤。　○《定本校記》：丕承無疆之恤。燉煌本無「之」字，九條本「之」作「維」。

三十六葉十四行注　惟文王聖德。　○《定本校記》：惟文王聖德。燉煌本乙、九條本無「德」字。

三十六葉十四行注　爲之子孫無忝厥祖。　「無」，王作「无」。

三十六葉十五行注　大承無窮之憂。　「無」，王作「无」。

三十六葉十六行疏　布其乃心制法度。　「度」，魏作「廣」。

三十七葉二行疏　言其不復須勞心。　「復」，閩作「複」。

三十七葉三行注　告汝以我之誠信。　「信」下阮有「也」字。

三十七葉五行注　勑使能敬以我言。視於殷喪亡大否。　○《定本校記》：以我言視於殷喪亡大否。「否」，燉煌本甲作「不」，燉煌本乙、九條本作「不可」二字。

三十七葉五行注　言其大不可不戒。　「戒」下王、纂、魏、平、殿、庫有「喪，息浪反。否，方九反」八字釋文。「息」，魏作「悉」。毛有墨丁，可容五字。○山井鼎《考文》：不可不戒。〔古本〕下有「之」字。謹按此下崇禎本有數字空闕，撿諸本經傳連接，非有缺誤，但當有

「棗」、「否」二字釋文耳。具于釋文補脱。又：補脱喪，息浪反。否，方九反（據經典釋文）。謹按經云：監于殷喪大否。○浦鏜《正字》：喪，息浪切。否，方九切。八字脱。○阮元《校記甲》：言其大不可不戒。古本下有「之」字。山井鼎曰：此下崇禎本有數字空闕，撿諸本經傳連接，非有缺誤，但當有「喪」、「否」二字釋文耳。阮元《校記乙》同。

三十七葉五行經　予不允惟若茲誥。　○山井鼎《考文》：惟若茲誥。〔古本〕「茲」作「此」。○盧文弨《拾補》：予不允惟若茲誥。「茲」，古本作「此」。○阮元《校記甲》：予不允惟若茲誥。「茲」，古本作「此」。阮元《校記乙》同。

三十七葉七行注　言命無常。　「無」，王作「无」。

三十七葉八行經　言曰在時二人。　○《定本校記》：言曰在時二人。燉煌本無「二」字。

三十七葉八行經　天休滋至。　「滋」，毛作「茲」。○山井鼎《考文》：天休茲至。正誤「茲」當作「滋」。物觀《補遺》：古本、宋板「茲」作「滋」。○浦鏜《正字》：天休滋至。「滋」，毛本誤「茲」。○盧文弨《拾補》：天休茲至。「茲」，〔各〕本皆作「滋」。○阮元《校記甲》：天休茲至。「茲」，古本、唐石經、岳、葛、宋板、十行、閩、監俱作「滋」。按：「茲」、「滋」古多通用。○阮元《校記乙》：天休滋至。毛本「滋」作「茲」。按：「茲」、「滋」古多通用。

三十七葉十行注　言多福。「言多福」下，王、纂、魏、毛、殿、庫有「戡，音堪。勝，音升」六字釋文，平有「戡，音堪。不勝，音升」七字釋文。○浦鏜《正字》：戡，音堪。勝，音升。六字監本脱。○《定本校記》：言多福。「多福」二字，燉煌本乙、九條本、内野本、神宫本倒。燉煌本甲脱「多」字。

三十七葉十一行經　明我俊民在讓。○山井鼎《考文》：明我俊民。〔古本〕「俊」作「畯」。○盧文弨《拾補》：明我俊民。「俊」，古本作「畯」。○阮元《校記甲》：明我俊民在讓。「俊」，古本作「畯」。阮元《校記乙》同。

三十七葉十二行注　明我賢人在禮讓。○《定本校記》：明我賢人在禮讓。「人」，燉煌本乙、九條本、内野本、神宫本作「民」。

三十七葉十二行注　則後代將於此道大且是。○《定本校記》：則後代將於此道大且是。「代」，燉煌本、九條本、内野本、神宫本作「世」。

三十七葉十三行疏　太保奭。「太」，魏作「大」。

三十七葉十四行疏　以殷喪大之故。「大之」，殿、庫作「之大」。

三十七葉十五行疏　甚可畏。「甚」，魏作「其」。

三十八葉一行經　嗚呼。篤棐時二人。○山井鼎《考文》：嗚呼。篤棐時二人。〔古本〕

上有「公曰」二字。○盧文弨《拾補》：嗚呼。篤棐時二人。古本上有「公曰」二字。○阮元《校記甲》：嗚呼。篤棐時二人。古本首有「公曰」二字。阮元《校記乙》同。○《定本校記》：嗚呼。篤棐時二人。「嗚」上燉煌本甲、内野本、神宮本、足利本有「公曰」二字，清原宣賢手鈔本引家本亦有。

三十八葉二行注　我用能至于今日其政美。「我」，平、十、永、阮作「或」。○《定本校記》：我用能至於今日其政美。内野本、神宮本無「其」字。

三十八葉四行注　皆成文王功于不懈怠。○《定本校記》：皆成文王功於不懈怠。「懈怠」二字，九條本、内野本、神宮本倒。

三十八葉三行注　則德教大覆冒海隅日所出之地。○《定本校記》：則德教大覆冒海隅。燉煌本乙、九條本、神宮本無「冒」字，清原宣賢手鈔本引家本亦無。燉煌本甲「冒」作「被」。

三十八葉五行注　無不循化而使之。「無」，王作「无」。「使之」下王、纂、平、殿、庫有釋文「俾，必耳反。懈，佳賣反」八字。「俾」，平作「倂」。魏有釋文「俾，必耳反。懈，佳皿 反」八字，「皿 」爲壞字，或爲「買」。毛有釋文「俾，必耳反。懈，住買反」八字。○山井鼎《考文》：懈，住買反。正誤「住」當作「佳」。物觀《補遺》：經典釋文「住」作「佳」，「買」作「賣」。○

浦鏜《正字》：懈，佳賣切。四字監本脱。「佳賣」，毛本誤「住買」。○阮元《校記甲》：懈，佳賣反。「佳賣」，毛本誤作「住買」。○《定本校記》：無不循化而使之。燉煌本、九條本無「之」字。

三十八葉七行疏　於事常不懈怠。　「懈」，魏作「解」。

三十八葉十行注　我惟用勉於天道加於民。　「天」，纂作「大」。

三十八葉十三行經　亦罔不能厥初。　○山井鼎《考文》：亦罔不能厥初。〔古本〕「厥」作「其」。

三十八葉十四行注　亦無不能其初。　「無」，王作「无」。

三十八葉十四行注　鮮能有終。　○山井鼎《考文》：鮮能有終。〔古本〕下有「矣」字。○阮元《校記甲》：鮮能有終。古本下有「矣」字。

三十八葉十五行注　戒召公以慎終。　○山井鼎《考文》：以慎終。〔古本〕下有「也」字。

三十八葉十五行注　當敬順我此言。　「此」，八作「比」。

三十八葉十六行注　敬用治民職事。　「治」，平作「沿」。

三十八葉十六行疏　公曰嗚呼至用治。　「嗚」下單、八、魏、平無「呼」字。

三十八葉十八行疏　宜敬用此治民職事。　○浦鏜《正字》：宜敬用此治民職事。「用」，監本誤「朋」。○阮元《校記甲》：宜敬用此治民職事。「用」，監本誤作「朋」。

三十九葉一行疏　凡民皆如是。　「凡」，八作「几」。

三十九葉二行疏　故戒召公以慎終也。　「以」，阮作「汝」。○劉承幹《校記》：故戒召公以慎終也。阮本「以」作「汝」。○張鈞衡《校記》：故戒召公以慎終也。阮本「以」作「汝」，誤。